AF325597

TRAITÉ

DU

RÉGIME FORESTIER.

T. I.

Cet Ouvrage était terminé en 1809, mais l'Auteur ne le présente au Public qu'après y avoir fait entrer les *Lois, Arrêts, Réglemens* et *Instructions* qui ont paru depuis cette époque ; il n'a rien négligé pour le rendre utile aux Membres des Tribunaux et des Cours de Justice ; aux Officiers et Gardes Forestiers ; aux Préposés de l'Administration des Domaines ; aux Propriétaires, Usufruitiers, Adjudicataires, Usagers et Riverains des Bois et Forêts ; aux Officiers des Chasses et autres personnes ayant droit de chasser dans les Bois : aux Fermiers, porteurs de licence, et tous autres autorisés à pêcher dans les Fleuves et Rivières.

Ouvrages du même Auteur qui se trouvent chez le même Libraire.

Traité des délits, des peines et des procédures en matières d'eaux et forêts ; 1 vol. *in-12*, deuxième édition.   3 fr. et 4 fr. *franco.*
Traité de l'aménagement des forêts, deuxième édition. 1 vol. *in-12*.   1 fr. 80 cent. et 2 fr. 25 cent. *franco.*

Annuaire forestier pour 1812, suivi d'un précis des lois et instructions sur l'administration forestière jusqu'en 1812, ou Tableau de l'organisation forestière, contenant les noms, grades et résidences des officiers des eaux et forêts, etc. ; suivi de l'analyse méthodique et raisonnée des lois, arrêts, décisions et instructions en matière de forêts, chasse et pêche ; par Baudrillart. 1 vol. *in-12*.   3 fr. 50 c. et 3 fr. 25 c. *franco.*
Collection chronologique et raisonnée des arrêts de la cour de cassation, en matière d'eaux et forêts, depuis l'an 7, jusqu'en 1808, époque de la publication des Annales forestières, par les Rédacteurs de ces Annales. 1 v. *in-8°*, fig. 8 f. et 10 f. *franco.*
Dictionnaire forestier, contenant le texte ou l'analyse des lois et instructions relatives à l'administration des forêts, avec les formules des différens actes, et les principes de la botanique et de la physique, appliqués à la connaissance des arbres, de leurs usages économiques, et des meilleures méthodes de culture, d'aménagement et d'exploitation des bois ; par Ch. Dumont. 2 vol. *in-8°*.   9 fr. et 11 fr. 50 c. *franco.*
Mémorial forestier, ou Recueil complet et suivi des lois, arrêtés et instructions relatifs à l'administration forestière, avec les tables. 6 vol. *in-8°*.   42 fr. *franco.*
Le *Mémorial forestier* comprend sept années, de l'an IX—1801 à l'an XIV—1806 et 1807 ; et avec les tables, forme 6 vol. qui se vendent séparément chacun   7 fr. *franco.*
Les *Annales forestières* font suite au *Mémorial forestier*. La première année des *Annales forestières*, 1808, est de huit numéros formant un vol. *in-8°*, dont le prix est de 7 f. *franco.*
Les années 1809, 1810 et 1811, forment 3 vol. *in-8°*, dont le prix est de   30 fr. *franco.*
La souscription pour 1812, est de   10 fr.

TRAITÉ

DU
RÉGIME FORESTIER

OU

ANALYSE MÉTHODIQUE ET RAISONNÉE

Des Arrêts, Réglemens, Décisions, Instructions et Circulaires, concernant l'Organisation des Officiers et Employés forestiers,
et la Partie Administrative de leurs
Fonctions ;

Suivie des Modèles d'États, Procès-Verbaux et autres Actes.

Ouvrage servant d'Introduction au Traité des
Délits et des Peines et des Procédures en matière
d'Eaux et Forêts,

Et faisant le Complément du Code général des Bois et
Forêts, de la Chasse et de la Pêche.

PAR M. DRALET,

Conservateur du Treisième Arrondissement Forestier.

TOME PREMIER.

A PARIS,

Chez ARTHUS BERTRAND, Libraire, rue Hautefeuille, n° 23.

1812.

DE L'IMPRIMERIE DE Me Ve JEUNEHOMME,
RUE HAUTEFEUILLE, N° 20.

INTRODUCTION.

LES fonctions des Officiers et Agens forestiers sont de deux sortes; les unes, que je nommerai *Administratives*, ont pour objet tout ce qui concourt directement à la conservation des Forêts, à leur amélioration et à l'augmentation des revenus qu'elles fournissent au Trésor public. Les autres, qui peuvent être appelés *Judiciaires*, tendent principalement à la répression des Délits.

J'ai fait connaître celles-ci dans le *Traité des Délits, des Peines et des Procédures, en matière d'Eaux et Forêts*, publié pour la première fois en 1807.

L'accueil que l'Administration et le Public ont bien voulu faire à cet Ouvrage, m'a porté à entreprendre celui que j'ai l'honneur de leur offrir, où j'ai rassemblé les connaissances nécessaires à

(ij)

quiconque remplit des Fonctions Administratives relatives au Régime Forestier.

Ce Régime a donné lieu à un grand
nombre de Lois et de Réglemens d'Administration publique , rendus depuis
Philippe-de-Valois , jusqu'à nos jours ;
j'en ai d'abord fait la Collection la plus
exacte, et après y avoir recherché toutes
les Dispositions auxquelles il n'a pas été
dérogé , je les ai présentées dans un Tableau méthodique , dont on peut saisir
avec facilité l'ensemble et le détail.

Les Lois et Réglemens de ce genre ,
en posant des principes, tracent les Règles générales qui en dérivent ; mais leur
développement et le mode de leur exécution sont confiés aux Autorités compé-
tentes, qui, par des Décisions et des Instructions officielles , indiquent aux Fonctionnaires publics la marche uniforme
qu'ils doivent suivre pour remplir les
vues du Législateur. C'est ainsi que l'Administration générale des Forêts a adressé

successivement aux Officiers qu'elle dirige, plusieurs Instructions lumineuses approuvées par le Gouvernement, et près de cinq cents Circulaires auxquelles sont joints des Modèles des différens Actes, Etats et Procès-Verbaux à dresser.

La substance de ces Instructions et les Modèles qui les accompagnent, sont aussi entrés dans la composition de mon Ouvrage; ainsi, en faisant connaître sur chaque matière les Lois qui y ont rapport, j'ai en même tems indiqué les moyens les plus sûrs pour en faire l'application.

Comme le premier mérite d'un Ouvrage de ce genre consiste à réunir l'exactitude à la clarté, je me suis attaché à rendre littéralement le texte des Dispositions Réglementaires en vigueur, et je ne me suis jamais éloigné de leur esprit dans les développemens qui m'ont paru nécessaires; d'un autre côté, je n'ai traité d'aucun objet qu'après l'avoir défini, et j'ai constamment procédé du connu à l'inconnu, afin de donner aux Employés du Gouvernement un Ouvrage Elémentaire qui leur manquait.

Si mon but a été rempli, les jeunes Agens Forestiers puiseront aisément dans cet Ouvrage les Connaissances qu'ils ont besoin d'acquérir, et il évitera aux Hommes instruits des Recherches pénibles dans le cas où elles leur seraient nécessaires pour suppléer à l'insuffisance de leur mémoire. Enfin, les uns et les autres trouveront dans ce Traité les Elémens de l'Histoire de notre Législation Forestière. En citant les Réglemens qui nous régissent, j'ai eu soin de rappeler les anciennes Ordonnances avec lesquelles ils se trouvent en concordance, et celles auxquelles ils ont dérogé.

TRAITÉ

TRAITÉ

DU
RÈGIME FORESTIER.

PREMIÈRE PARTIE.
ORGANISATION.

CHAPITRE PREMIER.

DISPOSITIONS GÉNÉRALES.

Il y a une administration générale, dont le principal objet est le régime des forêts, bois et arbres épars, soit qu'ils appartiennent :

Au domaine de la couronne,

Aux communes, aux hospices et autres établissemens publics (1),

Aux particuliers (2),

---

(1) Loi du 29 septembre 1791, tit. Ier, art. 1, 2 et 5.

(2) Loi du 9 floréal an XI.—Décret impérial du 17 nivose an XIII.—Décret impérial du 15 avril 1811.

Soit que ces propriétés soient tenues du domaine de la couronne à titre de concession, engagement, usufruit ou autre titre révocable, ou qu'elles soient possédées en grairie, ségrairie, tiers et danger, par indivis (1), ou qu'elles soient affectées aux majorats (2).

La même administration est chargée de faire exécuter les lois générales sur la chasse dans les bois et forêts de toute espèce, et les réglemens du grand veneur de la couronne, dans les forêts impériales (3).

Elle est aussi chargée de l'exécution des réglemens relatifs à la pêche dans tous les fleuves, rivières et ruisseaux (4), ainsi que des lois particulières à la pêche, considérée comme

---

(1) Loi du 29 septembre 1791, tit. 1er, art. 3 et 4. — Loi du 11 pluviose an XII, art. 8.

(2) Décret impérial du 4 mai 1809.—Avis du conseil d'état approuvé par l'Empereur le 5 août suivant.—Circulaires de M. le conseiller d'état directeur général de l'administration des eaux et forêts, des 16 août 1809, n° 399, et 12 septembre même année, n° 404.

(3) Ordonnance du 16 août 1669, tit. XXX.—Loi du 30 avril 1790. — Arrêté du directoire exécutif du 28 vendémiaire an V.— Décret impérial du 8 fructidor an XII.

(4) Loi du 14 floréal an X, tit. XV, art. 17.

revenu public, dans les fleuves et rivières navigables (1).

Cette administration se compose d'officiers supérieurs (2), d'officiers (3) et d'agens ou employés.

Les officiers supérieurs sont :

Le conseiller d'état directeur général (4);

Les administrateurs généraux (5);

Les conservateurs (6) ;

Les inspecteurs généraux (7).

Les officiers (8) sont :

---

(1) Arrêté du directoire exécutif du 28 messidor an VI. — Arrêté du Gouvernement du 19 nivose an XII.

(2) C'est ainsi que sont qualifiés le directeur-général, les administrateurs généraux et les conservateurs, dans la loi du 22 mars 1786.

(3) Les inspecteurs et sous-inspecteurs sont ainsi nommés dans diverses décisions ministérielles et circulaires de l'administration générale des forêts.

(4) Décret impérial du 7 thermidor an XIII.

(5) Loi du 16 nivose an IX.

(6) *Ibid.*

(7) Décret impérial du 23 mai 1806.

(8) Le décret impérial du 16 frimaire an XIV avait établi près de chaque conservateur un inspecteur principal qui devait remplir les fonctions d'inspecteur

Les inspecteurs particuliers (1);

Les sous-inspecteurs (2).

Les agens ou employés sont :

Les gardes généraux (3);

Les arpenteurs (4);

Les gardes particuliers à pied et à cheval (5).

Les préposés de la régie des domaines et enregistrement sont chargés de la caisse des produits, pour en faire le versement, ainsi que des autres deniers de leur recette (6).

Nul ne peut être admis à demander un emploi dans l'administration, s'il ne compte cinq

---

particulier dans l'arrondissement où elles étaient dévolues au conservateur, suppléer cet officier supérieur en cas d'absence remplir les missions extraordinaires qu'il aurait ordonnées; mais des circonstances particulières ont obligé l'administration à surseoir à la mise en activité de ces officiers; c'est ce qui résulte de la lettre de l'administration, du 28 février 1806, n° 5157.

(1) Loi du 16 nivose an IX.

(2) Loi du 16 nivose an IX.

(3) *Ibid.*

(4) *Ibid.*

(5) *Ibid.*

(6) Loi du 29 septembre 1791, tit. II, art. 12. — Loi du 16 nivose an IX, art. 1ᵉʳ.

(5)

années de service, s'il ne jouit de sa retraite,
ou s'il n'a été réformé par suite d'infirmités,
d'accidens ou de blessures provenans d'un
service de guerre, étant cependant encore
en état de mener une vie très-active. Lorsqu'il ne se présente pas un nombre suffisant
de militaires, ou lorsque ceux qui se présentent ne remplissent pas les conditions exigées,
les emplois qui leur sont réservés peuvent être
donnés comme par le passé, aux candidats
qui sont âgés de vingt-cinq ans accomplis (1),
qui ont satisfait aux lois de la conscription (2)
et qui ont les connaissances nécessaires (3).

Les officiers et employés n'entrent en exercice qu'après avoir prêté serment et fait enregistrer leur commission au tribunal de première instance de leur résidence (4).

Les conservateurs, inspecteurs, sous-inspecteurs, gardes généraux et particuliers,
doivent habiter les lieux qui leur sont fixés
dans leur conservation, inspection, sous inspection, cantonnement et triage, à peine de

---

(1) Décret impérial du 8 mars 1811, art. 1, 8 et 12.
(2) Loi du 29 septembre 1791, tit. III, art. 1er.
(3) *Ibid.*, tit. III, art. 1er.
(4) Loi du 16 nivose an IX, art. 7.

suspension de leur traitement et même d'interdiction (1).

Les officiers et employés ne peuvent s'absenter de leurs arrondissemens respectifs sans congé.

Les congés de plus d'une quinzaine entraînent, pour le tems qui excède, la perte du traitement (2).

Les officiers et employés sont tenus d'avoir à leurs frais un registre ou livre-journal, un sommier de correspondance et un marteau particulier pour la marque des bois de délits et des chablis abattus (3).

Les divers marteaux portent pour empreinte le numéro de la conservation, et de plus la lettre *C* pour le conservateur, la lettre *I* pour l'inspecteur, les lettres *S I* pour le

____

(1) Instruction pour les conservateurs, inspecteurs et sous-inspecteurs forestiers, publiée par l'administration générale des forêts, le 7 prairial an IX, et approuvée par le Gouvernement, art. 1er. — Instruction pour les gardes, publiée par l'administration, le 10 ventose an X. — Circulaire de l'administration générale des eaux et forêts, du 9 messidor an XIII, n° 272.

(2) Instruction du 7 prairial an IX, art. 2.

(3) *Ibid.*, art. 5.

sous-inspecteur (1), les lettres *G G* pour les gardes généraux (2), la lettre *A* pour les arpenteurs (3), les lettres *G P* pour les gardes particuliers (4).

Les marteaux des inspecteurs et sous-inspecteurs portent, outre ces empreintes, le numéro sous lequel chaque inspection et sous-inspection figure dans la conservation dont elle dépend (5).

Conformément aux réglemens, l'empreinte du marteau du conservateur est déposée au greffe de la cour d'appel; et celle des marteaux de l'inspecteur et du sous-inspecteur, aux greffes des tribunaux de première instance.

Indépendamment de ces marteaux, il y a un marteau impérial uniforme, qui porte l'aigle impérial et le numéro de la conservation, et dont l'empreinte est déposée aux

____

(1) Instruction du 7 prairial an IX, art. 6.

(2) Instruction pour les gardes, du 10 ventose an X.

(3) Instruction pour les arpenteurs forestiers, publiée par l'administration, le 9 frimaire an X.

(4) Instruction pour les gardes, du 10 ventose an X.

(5) Circulaire du 28 messidor an IX, n° 17.

greffes des cours d'appel et des tribunaux de première instance.

Ce marteau est tenu, hors le tems des opérations, dans un étui, chez le premier officier de l'arrondissement, et fermant à trois clefs, dont l'une reste entre les mains de cet officier, une autre entre celles de l'officier correspondant, et la troisième en celles du garde général (1).

Le marteau du conservateur doit être de forme hexagone.

Celui de l'inspecteur de forme pentagone.

Celui du sous - inspecteur de forme octogone.

Celui des arpenteurs est en forme de carré long échancré sur les angles (2).

La forme des marteaux des gardes généraux et particuliers n'est point déterminée.

L'uniforme des administrateurs et agens forestiers est arrêté ainsi qu'il suit :

L'habit à revers et pantalon de drap vert, doublé de même, gilet chamois, chapeau français, et une arme.

______

(1) Instruction du 7 prairial an IX, art. 7.

(2) Instructions des 7 prairial an IX ; 9 frimaire et 10 ventose an X.

L'habit est brodé en argent, d'un dessin en feuilles de chêne, avec une baguette unie sur le bord.

La broderie est selon le grade ; savoir :

Pour les administrateurs, aux collet, paremens, pattes et tour extérieur des poches, avec la baguette seulement autour de l'habit.

Pour les conservateurs, aux collet, paremens et à la patte des poches, sans baguette autour de l'habit.

Pour les inspecteurs, aux collet et paremens.

Pour les sous-inspecteurs, au collet.

Le gilet des administrateurs est brodé ; celui des conservateurs avec une baguette seulement.

Celui des inspecteurs et sous-inspecteurs est uni.

L'habit des arpenteurs a le collet et les paremens en velours noir, avec un galon d'argent et deux boutonnières à chaque côté du collet, un galon et deux boutonnières aux paremens.

L'habit des gardes généraux a collet et paremens chamois avec deux boutonnières en galon d'argent sur chaque côté du collet et deux aux paremens.

Les gardes ordinaires sont vêtus comme ils

le jugent convenable ; mais ils portent toujours la bandoulière telle qu'elle sera fixée ci-après, et ils sont chargés de son entretien (1).

Le bouton est pour tous de métal blanc, (ayant au pourtour les mots : *Eaux et forêts impériales* , portant au milieu l'aigle impé-rial).

Le chapeau avec gance d'argent et petit bouton du même modèle que celui de l'habit.

L'arme , un sabre français, un ceinturon vert , avec plaque au milieu.

Le garde général porte une bandoulière chamois bordée d'un galon d'argent pareil à celui de ses boutonnières ; celle des gardes particuliers est chamois avec bandes de drap vert , et au milieu une plaque de métal blanc (portant un aigle impérial avec les mots *Forêts impériales...*). Les bandoulières sont fournies aux gardes ordinaires , aux frais du Gouvernement (2).

Les conservateurs, inspecteurs, sous - ins-pecteurs, gardes généraux et gardes à cheval ,

---

(1) Circulaire du 30 novembre 1808 , n° 382.

(2) Arrêté des consuls du 15 germinal an IX. — Circulaire du 30 novembre 1808 , n° 383.

sont tenus d'avoir un cheval pour leur service , et de se montrer revêtus de leur uniforme dans l'exercice de leurs fonctions (1).

Il ne s'exécute rien dans les bois en ce qui concerne le régime forestier, que par les ordres de l'administration et sous la direction de ses agens.

Tous actes publics relatifs à ce régime, portent en tête : *Administration générale des eaux et forêts* (2).

Il y a toujours trois employés présens aux opérations faites dans les forêts, savoir : l'inspecteur, le sous-inspecteur, le garde général, outre le garde du triage. Il n'y a d'exception que pour les arrondissemens dont la grande étendue, occasionnée par la rareté des bois, rendrait ce concours, sinon impossible , au moins extrêmement difficile : l'agent supérieur opère, dans ce cas, avec le garde général ou particulier seulement (3).

Les officiers et employés de l'administration jouissant d'un traitement fixe, comme il sera

----

(1) Instruction du 7 prairial au IX, art. 8.—Instruction pour les gardes , du 10 ventose an XII.

(2) Instruction du 7 prairial an IX , art. 9.

(3) *Ibid.*, § 1, art. 18.

dit dans la suite , ne peuvent exiger , sous quelque prétexte que ce soit, aucune rétribution pour leurs opérations, sans exception (1).

Ils ne peuvent cumuler des fonctions sédentaires, telles que celles de notaire, avec les leurs , qui sont de nature opposée (2).

Nul officier ou agent forestier ne peut tenir hôtellerie , ni auberge , vendre des boissons en détail, faire le commerce du bois, ni exercer ou faire exercer aucun métier à bois, directement ni indirectement, à peine de destitution (3).

Nul officier , agent ou employé forestier ne peut être mis en jugement à raison de délit commis *dans l'exercice de ses fonctions* sans autorisation préalable de l'administration générale des eaux et forêts (4).

Les fonctions administratives des divers

____

(1) Circulaires des 22 messidor an IX , n° 43 ; 12 germinal an X , n° 79. — Et 1er prairial an X , n° 94.

(2) Circulaire du 30 pluviose an XI , n° 132.

(3) Loi du 29 septembre 1791 , tit. III , art. 14.

(4) Acte constitutionnel de l'an VIII , art. 75. — Arrêté du Gouvernement du 28 pluviose an XI. — Arrêts de la cour de cassation des 5 novembre 1808 , 22 mars et 14 décembre 1810.

officiers et employés , sont de deux sortes :
les premières dérivent de l'organisation qui
établit les rapports entre les différens grades ;
elles vont être déterminées dans cette première Partie.

Les secondes ont pour but l'exécution des
réglemens qui constituent directement le régime des eaux et forêts ; elles seront l'objet de
la seconde Partie.

CHAPITRE II.

DES OFFICIERS SUPÉRIEURS.

Directeur Général.

Il y a un conseiller d'état directeur général de l'administration des forêts ; il travaille seul avec le ministre, il lui propose les rapports sur les objets à soumettre à la décision de l'Empereur, ou à la sienne.

Il nomme, sur le rapport des administrateurs, aux emplois subalternes ; quant aux autres, il propose les candidats au ministre des finances, qui prend les ordres de l'Empereur (1).

La franchise du contre-seing est attachée à la place de directeur général (2).

Administrateurs Généraux.

Cinq administrateurs, résidans à Paris, forment le conseil d'administration des eaux et

____

(1) Décret impérial du 7 thermidor an XIII.
(2) Circulaire du 21 avril 1806, n° 313.

forêts, présidé par le conseiller d'état directeur général (1).

Conservateurs.

Le conservateur remplace le ci-devant grand
maître des eaux et forêts (2).

Le conservateur correspond avec le conseiller d'état directeur général de l'administration (3), et transmet à ses subordonnés les
ordres et instructions qui lui sont donnés.

Il correspond aussi avec les préfets des
départemens de son arrondissement ; leur
fournit les renseignemens qu'ils demandent (4),
spécialement pour ce qui concerne l'organisation des bois communaux (5).

Il donne aussi, d'après l'invitation des préfets, son avis sur les pétitions dont l'objet a
rapport aux matières forestières.

Les lettres et paquets que s'adressent mu-

____

(1) Loi du 16 nivose an IX. — Décret impérial du 7
thermidor an XIII.

(2) Circulaire du ministre des finances aux préfets,
rapportée dans une circulaire de l'administration du
1ᵉʳ complémentaire an IX, n° 55. — Autre circulaire
du 28 mai 1806, n° 319.

(3) Circulaire du 21 avril 1806, n° 313.

(4) Circulaire du 9 pluviose an XIII, n° 251.

(5) Circulaire du 26 prairial an XIII, n° 265.

tuellement ces fonctionnaires ne sont point taxés dans les bureaux de la poste (1).

Le conservateur tient de ses opérations journalières un registre conforme au modèle n° I (2).

Il envoie, à l'expiration de chaque trimestre, au directeur général, un bref extrait de ce registre, dans lequel il fait connaître le résultat de ses principales observations, et s'explique sur la poursuite des délits, l'état et la restauration des bois, la conduite des officiers et employés de tout grade (3).

Il fait annuellement, dans le cours des mois de février, mars et avril, la visite des bois de son arrondissement, la vérification de l'état de leurs bornes, de celui des chemins intérieurs et des fossés établis autonr ; se fait remettre, par les inspecteurs et sous-inspecteurs, les projets ou états des coupes de l'ordinaire subséquent, les examine (4) ; il vérifie s'il y a lieu à établir des coupes extraordinaires, procède au récolement des coupes usées, ou vérifie celui qui a pu être fait par les agens forestiers ;

____

(1) Circulaire du 8 août 1806 , n° 330.
(2) Instruction du 7 prairial an IX, § 1, art. 1er.
(3) Circulaire du 18 prairial an IX , n° 95.
(4) Instruction du 7 prairial an IX, § 1, art. 2.

examine si les réserves ont été bien placées et convenablement espacées, si elles ont été représentées sans fraude par les adjudicataires (1); prend connaissance des usines existantes à proximité des forêts; s'informe si le nombre de ces établissemens, notamment des scieries, excède ou non la possibilité des forêts; si les affectations accordées à quelques-unes sont nécessaires ou doivent être maintenues; et si, en renvoyant leurs entrepreneurs à s'approvisionner par les voies ordinaires du commerce, on porterait quelque préjudice à l'industrie (2). Il prend connaissance des vides et clairières qui existent dans les forêts, des moyens les plus économiques à employer pour leur repeuplement; des routes à faire dans les forêts pour y rendre les incendies moins dangereux et donner à la sève plus d'activité (3). Il se fait rendre un compte exact des usages exercés dans les forêts impériales et communales par des communes ou des particuliers; examine si l'exercice en est indispensable ou non aux

---

(1) Instruction du 7 prairial an IX, § I, art. 7. — Circulaire du 30 pluviose an XI, n° 131.

(2) Instruction du 7 prairial an IX, § I, art. 8.

(3) *Ibid.*, art. 9.—Circulaire du 30 pluviose an XI, n° 131.

I.

habitans des cantons pour la subsistance de leurs bestiaux ; si la suppression de ces droits, moyennant indemnité, dans le cas où ils auraient été acquis à titre onéreux, serait une disposition nécessaire, et quel mode d'indemnité, soit en argent, soit par cantonnement, serait préférable (1). Il examine quelles sont les parties de bois qui peuvent être déclarées défensables (2), se fait rendre compte des aménagemens actuels et des changemens dont ils sont susceptibles, d'après les circonstances du sol et du climat, de l'essence des bois, de leur état et des besoins de la contrée ; examine quels sont les nouveaux débouchés qui peuvent s'établir, soit par des routes ou canaux, soit par des établissemens d'industrie (3) ; s'informe s'il existe des bois dont il n'est tiré aucun parti à cause de la difficulté de leur accès, ou des montagnes pelées qui étaient autrefois ombragées d'arbres ; examine les moyens de mettre ces terrains en valeur, soit par des semis, soit par des plantations forestières, soit en les destinant à tout autre genre de culture (4). Il fait

---

(1) Instruction du 7 prairial an **IX**, art. 3o.
(2) *Ibid.*, art. 31.
(3) *Ibid.*, art. 36.
(4) *Ibid.*, art. 37.

choix, dans les forêts les plus centrales de son arrondissement, des terrains propres à établir des pépinières pour servir aux plantations des vides et clairières (1); il s'informe de l'exécution des lois et réglemens relatifs à la chasse (2) et à la pêche (3), vérifie les délits commis dans l'intervalle d'une tournée à l'autre, et les poursuites qui en ont été faites (4).

Le conservateur recueille dans ses tournées tous les renseignemens qui peuvent servir de matériaux à la composition de la statistique forestière de son arrondissement; il se fait représenter et vise le registre ou livre-journal des inspecteurs et sous-inspecteurs; prend des informations sur leur résidence, zèle et capacité, et sur la manière dont ils existent dans l'opinion des autorités locales (5).

Il fait, lors de sa tournée, et dans les bois, la revue des gardes, dont la réunion au can-

---

(1) Instruction du 7 prairial an IX, § I, art. 41.— Circulaire du 30 pluviose an XI, n° 131.

(2) Instruction du 7 prairial an IX, art. 42.

(3) *Ibid.*, art. 43.

(4) Loi du 29 septembre 1791, tit. IV, art. 5.

(5) Instruction du 7 prairial an IX, § I, art. 10. — Circulaire du 30 pluviose an XI, n° 131.

tonnement du garde général ne les déplace que pour quelques heures de leurs triages respectifs; il s'informe de leur tenue ordinaire , de leur demeure , de leur nombre et de leur service (1).

Le conservateur comprend ces divers objets dans un procès - verbal de tournée, dont il envoie un double à l'administration , au plus tard dans le courant de juillet (2).

Si, par absence ou autre motif, le conservateur était empêché de faire sa tournée, il en préviendrait l'administration et demanderait l'autorisation nécessaire, à l'effet d'être suppléé par un inspecteur de la conservation , à qui il tiendrait compte des frais de la tournée (3).

S'il arrive qu'un officier ou employé montre de la négligence à se conformer aux instructions de l'administration , le conservateur peut suspendre son traitement, en en rendant compte sur-le-champ au directeur général , afin qu'il puisse prendre telles mesures ultérieures qu'il conviendra (4).

____

(1) Instruction du 7 prairial an IX , § I , art. 11.

(2) *Ibid.*, art. 15.

(3) *Ibid.*, art. 10.—Circulaire du 30 pluviose an XI, n° 131.

(4) Circulaire du 12 germinal an X , n° 79.

En cas de désobéissance ou d'injure de la part d'un employé envers son supérieur médiat, celui-ci en dresse procès-verbal, dans lequel il fait mention, s'il y a lieu, du témoignage des assistans, et l'adresse au conservateur; celui-ci en réfère au directeur général, qui, le cas échéant, punit le coupable de suspension temporaire avec perte de traitement, et de destitution en cas de récidive (1).

Il fournit au directeur général des notes relatives à chacun des officiers et employés, dans lesquelles il s'explique sur leur ancienneté dans les fonctions forestières, leur zèle, leur capacité et leur conduite. Ces notes sont destinées à former l'état de contrôle que l'administration consulte sur l'ordre des avancemens (2).

Le conservateur a droit de prononcer la suspension de tout garde général ou particulier coupable de prévarication ou négligence notoire dans son service, à la charge d'en rendre compte sans délai au directeur général (3).

Lors de vacance des places de gardes gé-

---

(1) Circulaire du 8 août 1809, n° 396.
(2) Circulaire du 12 germinal an X, n° 79.
(3) Ordonnance de 1669, tit. III, art. 6.

néraux et particuliers, le conservateur propose trois candidats au directeur général (1).

Il remplit les fonctions d'inspecteur dans l'arrondissement du chef-lieu de sa résidence, y procède en conséquence aux opérations de balivage et martelage, et s'adjoint à cet effet le sous-inspecteur attaché à cet arrondissement, et le garde général du canton, qu'il admet à signer avec lui le procès-verbal de balivage et martelage (2).

Il est établi près de chaque conservation un secrétaire ayant le grade de garde général (3).

Cet employé est entièrement à la disposition du conservateur pour tout ce qui a rapport au service forestier, soit dans les bureaux, soit au dehors (4).

La loi du 16 nivose an 9 fixe à trente le nombre des conservations de l'Empire.

Le territoire de l'Empire est maintenant divisé en trente conservations, dont on trouvera le tableau à la fin de cette première Partie.

____

(1) Instruction du 7 prairial an IX., § I, art. 47.
(2) *Ibid.*, art. 17.
(3) Circulaire du 7 messidor an IX, n° 13.
(4) Lettre de l'administration au conservateur de la 13e division, du 18 thermidor an IX, n° 248.

Inspecteurs Généraux.

Il est établi, près l'administration générale des bois et forêts, des inspecteurs généraux, dont le nombre peut être porté jusqu'à douze.

Ils sont choisis parmi les conservateurs et les inspecteurs en activité de service, et nommés par l'Empereur, sur la présentation du ministre des finances et la proposition du conseiller d'état directeur général de l'administration.

Ils n'ont point d'arrondissemens permanens; ils ne peuvent être employés immédiatement dans le même arrondissement.

Ils sont chargés de s'assurer, près les agens de tout grade, de la régularité du service ; ils se font à cet effet représenter leurs registres et procès-verbaux : ils arrêtent les registres; ils visitent les bois, et vérifient si les délits qu'ils y reconnaissent ont été constatés et poursuivis.

Ils se rendent sur les coupes exploitées et récolées, et examinent si l'on a ravalé les souches jusqu'à la surface du sol, d'une manière favorable à la renaissance; si les lisières sont bien conservées, si les réserves de baliveaux sont de bon choix et utilement espacées ; si le nombre qui en est porté au procès-verbal de balivage et à l'affiche subsiste; et dans le cas contraire, si l'abattage en a été fait par les adjudicataires seuls ou de connivence avec les agens forestiers. Ils reconnaissent aussi l'état des quarts de réserve et des futaies en massifs.

Ils ne quittent une forêt qu'après l'avoir parcourue triage par triage, avoir reconnu l'âge où elle est aménagée, l'essence qui y domine, les réserves de futaie dont elle serait susceptible pour le service des grands ports, les vides qu'elle renferme, et le genre d'amélioration qui lui convient.

Dans le cas où une forêt se trouverait en non valeur, faute de chemins ou communications, ils indiquent les travaux à faire, l'utilité dont ils pourraient être, tant pour elle que pour les bois des communes riveraines.

Ils étendent leurs soins aux cantonnemens de pêche dont leurs tournées les rapprochent, et s'assurent si cette branche de revenu s'exploite régulièrement et sans compromettre la population des rivières.

Il est délivré à chacun des inspecteurs généraux un registre coté et paraphé par le directeur général, dans lequel ils sont tenus d'inscrire, jour par jour, les points où ils se trouvent, et les actes qu'ils ont faits.

Les inspecteurs généraux sont responsables de tous abus, malversations et négligences des agens qu'ils ont pu et dû reconnaître, et dont leur procès-verbal ne se trouve pas chargé (1).

La mission qu'ils ont à remplir est toute d'observation ; ils surveillent les opérations forestières sans s'immiscer dans aucune ; les tournées qu'ils font donnent de l'extension à celles qu'a faites le conservateur. Ils vérifient attentivement ce qui n'aurait pu l'être par ce dernier à cause de la multiplicité de ses occupations. L'inspecteur général seconde le conservateur vigilant, et n'est pour lui qu'un témoin de ses efforts pour le maintien de l'ordre dans les forêts de son arrondissement : nulle idée de supériorité ou d'égalité de grade ne s'élève entre eux ; ils ne sont qu'émules pour le bien qu'ils veulent opérer (2).

----

(1) Décret impérial du 25 mai 1806.
(2) Circulaire du 18 juin 1806, n° 324.

CHAPITRE III.

DES OFFICIERS.

Inspecteurs particuliers.

Les inspecteurs et sous-inspecteurs succèdent aux ci-devant maîtrises particulières, telles qu'elles étaient après 1790, c'est-à-dire dépouillées du pouvoir judiciaire (1).

Les inspecteurs correspondent avec le conservateur (2).

Ils ne correspondent avec les autorités qui les consultent que par l'intermédiaire du conservateur (3).

Ils font coter et parapher leur livre-journal par le conservateur ; ils y inscrivent en substance tous les actes de leurs fonctions sans exception : ils en remettent chaque mois, au

----

(1) Circulaire du 1ᵉʳ complémentaire an IX, n° 35.
(2) Instruction du 7 prairial an IX, art. 5.
(3) Circulaire du 1ᵉʳ germinal an X, n° 79.

conservateur, un extrait en deux colonnes, l'une intitulée : *Opérations du trimestre*, et l'autre *Observations* (1).

Ils font, en décembre et janvier, une tournée générale dans les bois de leur inspection, et une autre en juin et mois suivans, en même tems qu'ils procèdent aux balivages et martelages.

Ils se font représenter, lors de leur tournée, les registres du sous-inspecteur, des gardes généraux et particuliers, arrêtent ces registres, et font mention, dans l'arrêté, du lieu où ils se trouvent, de la présence de l'agent forestier que le registre concerne, du quantième du mois, et ils envoient un double du procès-verbal de tournée au conservateur (2).

Ils accompagnent, dans leurs arrondissemens seulement, le conservateur lors de sa tournée, et signent après lui les actes relatifs à leur inspection (3).

Ils font, lors de leurs tournées, même revue des gardes particuliers que le conservateur, et se font rendre compte de l'utilité dont ils on

---

(1) Instruction du 7 prairial an IX., § II, art. 1ᵉʳ.
(2) *Ibid.*, art. 2.
(3) *Ibid.*, art. 3.

pu être à la gendarmerie pour l'arrestation des malfaiteurs (1).

Ils se font remettre chaque mois, par les sous-inspecteurs ou les gardes généraux servant immédiatement sous eux, un double des livres-journaux de ces agens (2).

Tous les moyens d'amélioration doivent être vérifiés et médités par l'inspecteur, afin de le mettre à même de fournir au conservateur tous les éclaircissemens dont celui-ci a besoin pour répondre aux demandes de l'administration (3).

Le nombre des inspecteurs particuliers établis dans tout l'Empire était fixé à deux cents par la loi du 16 nivose an 9.

La moitié des employés de ce grade est affectée aux officiers supérieurs de tous grades qui ont satisfait aux conditions prescrites par le décret impérial du 8 mars 1811, et subsidiairement aux officiers de tous grades retirés du service.

Les inspecteurs et sous-inspecteurs exercent une surveillance directe sur le recouvrement des amendes et autres condamnations, qui est

---

(1) Instruction du 7 prairial an IX , § II, art. 15.
(2) *Ibid.*, art. 16.
(3) *Ibid.*, art. 17.

confié, dans chaque arrondissement, au garde général collecteur. Pour cet effet, ils tiennent dans leur bureau un sommier de recouvrement conforme au modèle n° II, lequel doit être coté et paraphé par le président du tribunal de première instance. Ils inscrivent chaque mois, sur ce sommier, les extraits de jugemens, qui doivent leur être délivrés par le greffier du tribunal. L'inspecteur ou sous-inspecteur transmet de suite copie de ces extraits au receveur des domaines de son arrondissement.

L'inspecteur ou sous-inspecteur remet le plutôt possible au garde collecteur, un rôle de perception formé sur le sommier, et conforme au modèle n° III. Le garde collecteur lui en donne son récépissé.

Il lui remet pareillement, sur son récépissé, un livret de trois cents cases numérotées, aussi conforme au n° IV.

Dans la première quinzaine de chaque mois, l'inspecteur ou sous-inspecteur remet au garde collecteur un nouveau rôle des articles dont le sommier s'est accru.

L'inspecteur ou sous-inspecteur, ayant reçu du garde collecteur les rôles recouvrés ou ceux mis en recouvrement depuis plus de six mois,

les mentionne sur chacun des articles correspondans du sommier ; et lorsqu'après examen
il a jugé que quelques-uns desdits articles doivent être de nouveau mis en recouvrement, il
les ajoute par supplément à un des nouveaux
rôles, avec indication sommaire de ce que le
garde collecteur a à faire pour la continuation
des poursuites et la conclusion de l'affaire :
copie de ce rôle supplémentaire est, dans ce
cas, envoyée par l'inspecteur ou sous-inspecteur, au receveur des domaines, avec l'extrait
des jugemens du mois.

La remise accordée aux inspecteurs et sous-
inspecteurs est calculée sur le produit des versemens faits aux receveurs dans les trois mois,
tant par les gardes collecteurs que par les condamnés directement, déduction faite des
sommes payées sur les frais liquidés par les
jugemens, et sur le décime par franc de
l'amende.

Cette remise est de deux centimes et demi
jusqu'à 20,000 francs ; de moitié de cette quotité de 20 à 5o,000 francs, et du quart sur les
recettes qui excèdent cette dernière somme.

Le paiement en est fait aux inspecteurs et
sous-inspecteurs par les receveurs des domaines, sur les bordereaux qu'ils en fournis-

sent auxdits receveurs, qui en font la vérification (1).

Tous les trois mois, l'inspecteur ou sous-
inspecteur transmet au conservateur un bordereau conforme au modèle n° V, des condamnations prononcées et des recouvremens
opérés. Ce dernier en forme un bordereau
général qu'il adresse à l'administration avant
l'expiration du premier mois du trimestre suivant (2).

Sous-Inspecteurs.

Le sous-inspecteur correspond avec l'inspecteur ou avec le conservateur, lorsque celui-
ci est son supérieur immédiat (3).

Il fait coter et parapher son registre ou livre-
journal par le conservateur, s'il ressortit immédiatement à lui, ou par l'inspecteur qu'il a
pour supérieur immédiat. Il inscrit dans ce

____

(1) Décret impérial du 2 février 1811. — Instruction sur l'exécution de ce décret. — Circulaire du 24
mars 1811, n° 433.

(2) Circulaire du 1ᵉʳ messidor an XII, n° 215, et
19 pluviose an XIII, n° 253, et 24 mars 1811,
n° 433.

(3) Instruction du 7 prairial an IX, art. 5.

registre son travail de chaque jour, et les rapports qui lui sont faits par les gardes généraux
et particuliers (1).

Il fait deux tournées générales, l'une en
novembre, l'autre en juin, dans les arrondissemens qui comprennent la totalité d'une inspection ou d'un département; il en fait quatre
dans les inspections divisées en plusieurs sous-
inspections : elles ont lieu en novembre, janvier, avril et septembre. Il dresse procès-verbal
de ces tournées et les fait signer par les gardes
généraux à son passage dans leurs cantonnemens respectifs (2).

Il se fait représenter les registres des gardes
généraux et particuliers; s'assure, par un examen fait avec soin, s'ils ont rempli leurs obligations, tant pour la tenue des bois que contre
les délinquans (3).

Il assiste le conservateur dans sa tournée,
et lui fournit tous les renseignemens par lesquels
il peut concourir à la rendre utile; il assiste
aussi à celles de l'inspecteur qui ont pour but

---

(1) Instruction du 7 prairial an IX, § III, art. 1.

(2) *Ibid.*, art. 2.

(3) *Ibid.*, art. 3.

des opérations conjointes ; il lui donne d'ailleurs tous les renseignemens qu'il désire de lui (1).

Les fonctions et obligations du sous-inspecteur étant de même nature que celles de l'inspecteur, les instructions concernant celui-ci sont communes à l'autre (2).

Le nombre des sous-inspecteurs établis dans tout l'Empire était fixé à trois cents par la loi du 16 nivose an 9.

La moitié de ces emplois est affectée aux officiers particuliers retirés du service de tout grade, qui ont satisfait aux conditions prescrites par le décret impérial du 8 mars 1811.

____

(1) Instruction du 7 prairial an IX., § III , art. 4.
(2) *Ibid.,* art. 7.

CHAPITRE IV.

DES AGENS OU EMPLOYÉS.

Gardes Généraux.

LES gardes généraux ont une inspection qui s'étend sur la totalité des bois de leur cantonnement.

Ils marchent incessamment dans les forêts, bois et le long des rivières, suivant les ordres et instructions qui leur sont donnés, afin de tenir les gardes ordinaires dans leur devoir; prêtent main-forte aux gardes particuliers, font toutes sortes de rapports et de captures, de la manière que font les autres gardes (1).

Ils résident dans le lieu fixé par leur commission (2).

Ils ne peuvent, à peine d'être révoqués,

____

(1) Ordonnance de 1669, tit. X, art. 4.

(2) Instruction pour les gardes, du 10 ventose an X, art. 12.

s'absenter sans permission ; elle ne peut excéder une décade (1).

Ils ont un registre coté et paraphé par l'inspecteur, et divisé en colonnes, suivant le modèle n° VI. Ils y inscrivent leur travail de chaque jour, et ils en envoient chaque mois, un double au sous-inspecteur de leur cantonnement (2).

Indépendamment de leurs courses de chaque jour, ils font, par mois, une tournée générale; ils vérifient les livres-journaux des gardes particuliers et visitent leurs triages; s'ils reconnaissent des délits qui n'auraient pas été constatés, ils dressent procès-verbal contre le garde en défaut, pour être immédiatement poursuivi conformément à la loi (3).

Les gardes généraux réunissent au besoin les gardes sous leurs ordres, en tel nombre qu'ils jugent convenable, mais de manière que le service n'en souffre pas; ils se mettent à leur tête pour dissiper les rassemblemens de délinquans, en arrêter ou reconnaître les auteurs (4).

---

(1) Instruction pour les gardes, du 10 ventose an **X**, art. 12.

(2) *Ibid.*

(3) *Ibid.*, art. 15.

(4) *Ibid.*, art. 14.

3.

Comme premiers gardes, dans chaque cantonnement, ils ont à remplir, de même que les gardes particuliers, les obligations imposées à ceux-ci, et qui seront détaillées plus bas; ils peuvent aussi suppléer les officiers dans toutes les opérations prescrites par le cahier des charges (1).

Ils accompagnent, dans leur cantonnement, les officiers forestiers en tournée, et y vaquent avec eux aux balivages, martelages, ventes, récolemens et aux autres opérations ordonnées (2).

La loi du 16 nivose an IX a fixé le nombre des gardes généraux dans l'étendue de l'Empire : la moitié des places de ce grade est affectée aux officiers particuliers retirés du service, qui ont satisfait aux conditions imposées par le décret impérial du 8 mars 1811.

Chaque garde général des forêts, le plus près de l'inspecteur ou sous-inspecteur, résidant au chef-lieu ou dans l'arrondissement du tribunal de police correctionnelle, et à défaut

____

(1) Circulaire du 2 fructidor an X, n° 108.

(2) Instruction pour les gardes, du 10 ventose an X, art. 12.

de garde général, le garde à cheval qui sera désigné, est chargé, sous la qualification de garde général collecteur, du recouvrement des amendes, restitutions, indemnités, et généralement de toutes les condamnations prononcées par le tribunal, en matière de forêts, pêche et chasse. Lorsque ces condamnations ont été poursuivies par les officiers de l'administration, ou dans son intérêt, par le ministère public (1), le garde collecteur reçoit à cet effet, dans la première quinzaine de chaque mois, de l'inspecteur ou sous-inspecteur, un rôle de perception, et en donne son récépissé. Ce rôle doit être coté et paraphé par le président du tribunal de première instance.

Il reçoit aussi de l'inspecteur ou sous-inspecteur un livret sur lequel le garde collecteur est tenu d'inscrire, par ordre de nᵒ, et sans jamais l'intervertir, les paiemens, à-compte ou pour solde, au moment qu'il les reçoit des débiteurs, et il donne aux quittances qu'il

____

(1) Instruction approuvée par le ministre des finances, le 7 décembre 1811, jointe à la circulaire de l'administration, du 7 janvier 1812, nᵒ 461.

est tenu de leur en fournir un n° correspondant à celui de l'inscription du paiement sur son livret.

Aussitôt après la réception de ces rôles, dont les modèles déjà cités se trouvent sous les n⁰ˢ III et IV, le garde collecteur est tenu de les mettre en recouvrement par des invitations tant écrites que verbales, qu'il donne lui-même, autant que faire se peut, aux condamnés, pour qu'ils aient à s'éviter des poursuites et des frais, en venant s'acquitter dans la huitaine de l'avertissement.

Après l'expiration de la première huitaine, et dans la huitaine suivante, il fait signifier au condamné, par le garde le plus voisin, extrait du jugement de condamnation ou du rôle s'il a été déclaré exécutoire par le *visa* du président et du procureur impérial du tribunal, avec commandement de payer dans la huitaine, audit garde collecteur, ou de lui justifier du paiement par représentation de la quittance du receveur des domaines de l'arrondissement dudit collecteur.

A l'expiration de ce nouveau délai, le garde collecteur fait procéder, par huissier compétent, à la saisie et aux poursuites et diligences nécessaires pour parvenir à la vente des meu-

bles du débiteur, et à le contraindre au paiement (1).

- Les actes de poursuites faits par les gardes
collecteurs, ne peuvent être écrits sur papier visé pour timbre en *débet*, ni enregistré
en *débet*. Les gardes se font rembourser par
les condamnés les avances qu'ils ont faites à
ce sujet ; et dans les cas rares où cela n'est
pas possible, le receveur des domaines effectue ce remboursement sur un état certifié
par le garde collecteur, appuyé de pièces
justificatives et ordonnancé par le président
ou un juge de première instance de l'arrondissement communal (2).

Dans le cas où il y aurait *carence* de meu-
bles, ou d'autres moyens de libération du
débiteur, elle se constate par un certificat du
garde collecteur, vérifié par le maire, sur
levée du rôle des contributions auxquelles le

---

(1) Décret impérial du 2 février 1811. — Instruction donnée pour l'exécution de ce décret. — Circulaire du 24 mars 1811, n° 433.

(2) Circulaire du 7 janvier 1812, n° 461, portant
envoi d'une instruction approuvée par le ministre, le
7 décembre précédent, concernant les frais de recouvrement des amendes.

condamné est imposé, et qui ne peut opérer la décharge du collecteur envers le receveur des domaines qu'après avoir pareillement reçu le *visa* de l'inspecteur ou sous-inspecteur.

Le garde collecteur délivre aux condamnés des quittances d'à-compte ou pour solde ; elles doivent être sur papier timbré lorsque l'amende excède dix francs.

Il verse le montant des sommes recouvrées dans la caisse du receveur des domaines de l'arrondissement du tribunal de police correctionnelle.

Deux fois par mois, et dans les deux ou trois premiers jours du commencement et du milieu de chaque mois, le garde collecteur est tenu de représenter au receveur des domaines, tous les rôles en recouvrement et son livret de recette, et de lui verser sur émargement des articles recouvrés desdits rôles, le montant de ses perceptions jusqu'audit jour, et les certificats de carence pour les articles qui en ont été susceptibles.

Il se rend de suite chez l'inspecteur ou sous-inspecteur pour y faire annoter sur le sommier les articles de ses rôles, dont il fait le versement en espèces ou certificats de carence, et apposer le vu de l'inspecteur ou sous-inspecteur sur chacun desdits articles de son rôle.

Tous les rôles qui se trouvent entièrement recouvrés, ou qui sans l'être entièrement, ont été remis au garde collecteur pour leur recouvrement depuis plus de six mois, sont par lui rapportés avec les pièces et poursuites à l'appui, à l'inspecteur ou sous-inspecteur, qui lui en donne reconnaissance, et en présentant par lui ladite reconnaissance au receveur des domaines, qui y appose son *visa*, il est dispensé de toute représentation ultérieure desdits rôles au receveur, lors du versement de quinzaine.

Les gardes collecteurs peuvent, sur la demande du conservateur ou des inspecteurs généraux, être, par l'administration, déclarés responsables des perceptions de leurs rôles pour lesquelles ils n'auraient pas, dans les six mois de la remise, fait les perquisitions de solvabilité ou insolvabilité des condamnés, de leurs cautions ou co-obligés, et intenté les poursuites nécessaires pour parvenir au recouvrement.

En cas de maladie ou empêchement du garde général collecteur, il peut se faire suppléer momentanément et sous sa responsabilité, par un garde, chef de l'arrondissement dont il a fait choix, sauf néanmoins l'approbation de l'inspecteur.

Le garde collecteur convaincu de faux ou de fraude dans les procès - verbaux de perquisition, ou certificats de carence, est poursuivi suivant la rigueur des lois, et responsable du montant des condamnations.

Toutes les fois que la perception à faire d'un même condamné excède 500 francs, le garde collecteur le fait verser directement au receveur de l'arrondissement de l'inspection ou sous-inspection, et exige de lui la représentation de la quittance du receveur.

La remise accordée aux gardes collecteurs est calculée sur le produit des versemens faits aux receveurs, dans les trois mois, tant par les gardes collecteurs que par les condamnés directement, déduction faite des sommes payées sur les frais liquidés par les jugemens et sur le décime par franc de l'amende, ainsi qu'il a été déjà dit au sujet des inspecteurs et sous-inspecteurs.

Cette remise est de cinq centimes pour franc pour le garde collecteur, jusqu'à 20,000 fr. ; de moitié de ladite quotité, de 20 à 50,000 fr., et du quart d'icelle pour les recettes qui excéderaient cette dernière somme.

Le paiement est fait auxdits gardes généraux par le receveur des domaines, et sur les bordereaux qu'ils en fournissent auxdits receveurs, qui en font la vérification (1).

Ces receveurs payent aussi d'après les bordereaux approuvés par le directeur général des forêts, et visés par le ministre des finances, les frais avancés par les officiers et agens, pour papier, impression de sommiers, rôles, avertissemens, formules et autres menues dépenses nécessaires à l'exercice (2).

Arpenteurs.

Il est établi deux arpenteurs dans le ressort de chaque inspection forestière (3).

Outre le marteau dont il a été parlé plus

---

(1) Décret impérial du 2 février 1811.—Instruction donnée pour l'exécution de ce décret. — Circulaire du 24 mars 1811, n° 433.

(2) Circulaire du 7 janvier 1812, n° 461, portant envoi d'une instruction approuvée par le ministre des finances, relative au remboursement des frais de recouvrement.

(3) Ordonnance de 1669, tit. IX, art. 1.

haut, chaque arpenteur est tenu de se pourvoir à ses frais :

1° D'une boussole d'un décimètre au moins
de diamètre, garnie de sa pinule.

2° D'un graphomètre de deux décimètres au
moins de diamètre.

3° Des différentes échelles qui seront dans la
suite désignées, gravées sur cuivre (1).

Les arpenteurs font, dans leurs arrondissemens respectifs, tous les arpentages et mesu-
rages dans les forêts impériales et celles tenues
en gruris, grairis, tiers et danger, appanage,
engagement, usufruit et par indivis, de même
que dans les bois des communes, hospices et
autres établissemens publics (2).

Ils dressent pour chaque opération un procès-verbal séparé, dans les formes qui seront
ci-après déterminées. Ils en gardent les minutes et sont tenus, immédiatement après leurs
opérations, de remettre à l'inspecteur les expéditions de leurs procès-verbaux et plans,
dans le nombre qui leur est prescrit (3).

____

(1) Instruction pour les arpenteurs forestiers, publiée par l'administration, le 9 frimaire an X, art. 2.
(2) Ordonnance de 1669, tit. IX, art. 4.
(3) Instruction pour les arpenteurs forestiers, art. 12.

Les minutes sont inscrites sur un répertoire, avec la mention des plans faits à chaque procès-verbal; et pour faciliter les recherches, les arpenteurs ont soin de réunir dans une seule liasse ce qui concerne les mêmes coupes, les mêmes triages ou la même forêt.

Ce répertoire est coté et paraphé à chaque feuille par l'inspecteur (1).

Les arpenteurs sont tenus, à toute réquisition, de représenter à l'inspecteur la minute des procès - verbaux, plans et autres pièces relatives à leurs travaux (2).

En cas de mort, démission, suspension ou cessation de fonctions, les arpenteurs ou leurs représentans sont tenus de remettre, dans le délai de dix jours, sous bref inventaire, à l'inspecteur de l'arrondissement, toutes les minutes, procès-verbaux, cartes, plans, notes, calculs et renseignemens généralement quelconques, relatifs au service forestier, et dont ils seraient en possession (3).

En cas de maladie, d'absence autorisée, ou d'empêchement légitime, les arpenteurs

____

(1) Instruction pour les arpenteurs forestiers, art. 12.
(2) *Ibid.*, art. 13.
(3) *Ibid.*, art. 14.

d'une inspection sont suppléés, au choix du conservateur, par les arpenteurs les plus voisins dans la même conservation (1).

Si dans un mesurage, l'arpenteur commet jusqu'à trois fois erreur d'un hectare sur vingt de la quantité fixée pour l'assiette, il sera privé de sa commission (2).

Les arpenteurs, dans le cours de leurs opérations, sont tenus de dresser des procès-verbaux de tous les délits qu'ils reconnaissent, ainsi que des déplacemens de bornes et de limites. Ces procès-verbaux sont remis, dans les vingt-quatre heures, à l'agent forestier le plus voisin (3).

Gardes.

Avant de faire connaître les fonctions qui sont attribuées aux gardes, nous allons parler des principales qualités qu'ils doivent avoir, et de quelques dispositions générales qui les concernent.

La première qualité dont on doit s'assurer

----

(1) Ordonnance de 1669, tit. XI, art. 6. — Instruction pour les arpenteurs forestiers, art. 15.

(2) Même instruction, art. 16.

(3) *Ibid.*, art. 17.

dans quiconque se présente pour occuper une place de garde, est la probité, puisque les fonctions auxquelles il aspire sont de pure confiance, et qu'il n'est assujéti à aucun cautionnement.

Il faut aussi qu'un garde soit brave; c'est ainsi qu'il réprimera l'audace des délinquans et des brigands dont les forêts sont souvent le repaire; aussi a-t-on toujours donné les places de gardes par préférence aux vétérans couverts d'honorables blessures et formés à une exacte discipline (1), lorsqu'ils réunissaient d'ailleurs les autres qualités nécessaires; et le décret impérial du 8 mars 1811 a affecté la moitié de ces places aux sous-officiers et soldats retirés du service, sachant lire et écrire.

Un garde doit avoir un certain degré d'intelligence et de capacité; car de la bonne ou mauvaise rédaction de ses procès-verbaux dépend le sort des instances et opérations qui en sont la suite (2).

L'ordonnance de 1669 défend de recevoir aucun garde qu'il ne sache lire et écrire;

____

(1) Loi du 29 septembre 1791, tit. III, art. 7.
(2) Circulaire du 27 germinal an IX, n° 5.

mais il était trop difficile de se conformer au vœu de cette loi, surtout dans les campagnes éloignées, et pour les bois d'une faible contenance, dont la garde doit être faite à très-peu de frais; aussi la loi du 17 décembre 1790 autorise-t-elle formellement les gardes forestiers à faire recevoir, rédiger et écrire leurs rapports par les greffiers des juges de paix du canton où le délit a été commis.

On peut donc nommer pour gardes des personnes illétrées, lorsqu'il n'est pas possible d'en trouver qui sachent lire et écrire, mais au moins faut-il qu'elles sachent signer (1).

Les sous-préfets, après avoir pris l'avis des maires et officiers de la gendarmerie, doivent désigner aux préfets, et ceux-ci à l'administration forestière, ceux d'entre les gardes champêtres de leurs arrondissemens ou de leurs départemens respectifs qui, par leur bonne conduite et leurs services, méritent d'être appelés aux fonctions de gardes forestiers (2).

---

(1) Lettre de M. le conseiller d'état directeur général de l'administration, au conservateur de la 13ᵉ division, du 22 avril 1807, n° 1510.

(2) Décret impérial du 11 juin 1806, art. 7.

(49)

Les gardes doivent résider dans le voisinage des forêts et triages confiés à leur surveillance ; le lieu de leur résidence est indiqué
par le conservateur de l'arrondissement (1).

En cas d'empêchement par maladie, les
gardes doivent en donner sur-le-champ avis
à leur supérieur pour faire suppléer à leur
service par les gardes voisins, qui sont tenus
de se conformer aux ordres qui leur sont donnés pour cet effet (2).

Les gardes ne peuvent s'absenter du lieu
de leur service sans nécessité et sans permission (3).

Cette permission ne peut excéder cinq
jours (4).

Le droit de porter le fusil simple est inhé-
rent à la commission de garde forestier.

L'arme dont il convient de faire munir les
gardes est une carabine (5).

------

(1) Loi du 29 septembre 1791 , tit. IV, art. 1er.

(2) Instruction pour les gardes , du 16 ventose
an X , art. 10.

(3) Loi du 29 septembre 1791 , tit. IV. art. 15.

(4) Instruction pour les gardes, du 16 ventose an X,
art. 17.

(5) Circulaire du 31 juillet 1806 , n° 328.

Les gardes forestiers sont dispensés du service de la garde nationale (1).

Les fonctions de jurés sont incompatibles avec celles de gardes forestiers, considérés comme officiers judiciaires (2).

Le nombre des gardes particuliers dans tout l'Empire ne pouvait excéder huit mille d'après la loi du 16 nivose an IX.

Personne ne peut être attaché à la garde des forêts, sous quelque qualification que ce soit, s'il n'est muni d'une commission du conseiller d'état directeur général (3).

Dans les forêts de haute futaie, un homme à cheval ayant la faculté de se transporter rapidement sur tous les points, il peut se faire que sa présence soit plus imposante aux délinquans que celle de plusieurs hommes à pied. Lorsque cela est jugé ainsi, l'administration supprime quelques hommes à pied, et les remplace par un garde à cheval; elle

---

(1) Loi du 12 novembre 1806. — Décision du ministre des finances, mentionnée dans une circulaire du 16 mars 1807, n° 353.

(2) Arrêt de la cour de cassation, du 21 vendémiaire an VIII.

(3) Circulaire du 3 vendémiaire an XIII, n° 236.

s'y décide surtout lorsque cette mesure présente un objet d'économie (1).

Partout où trois ou cinq gardes particuliers peuvent se rassembler facilement et sans s'éloigner de leurs triages, le conservateur fait d'eux une sorte d'embrigadement et nomme pour chef celui d'entr'eux qui a constamment montré un caractère actif et ferme (2).

Les fonctions des gardes ainsi que celles des officiers forestiers, se divisent en fonctions administratives et en fonctions judiciaires.

Il ne sera pas ici question de ces dernières qui ont été développées dans le *Traité des délits, des peines et des procédures en matière d'eaux et forêts.*

Quant aux fonctions administratives, elles peuvent se diviser en *fonctions administratives proprement dites,* et en *fonctions administratives de police.*

Les *fonctions administratives proprement dites* consistent à recueillir et transmettre aux gardes généraux des renseignemens exacts

---

(1) Circulaire du 27 germinal an **IX**, n° 3.
(2) Instruction du 7 prairial an **IX**, § I, art. 12.

et positifs sur tout ce qui concerne l'économie forestière.

Les gardes correspondent avec le garde général dans le cantonnement duquel leur triage est compris. Ils ont un registre d'ordre coté et paraphé par le sous-inspecteur; ils y inscrivent jour par jour les procès-verbaux qu'ils ont dressés (1).

Ils signent chaque transcription et inscrivent, en marge du procès-verbal, le *folio* de son enregistrement (2).

Ils constatent régulièrement sur le même registre les chablis ou arbres abattus par les vents, dans l'étendue de leur garderie et en donnent avis. Ils veillent à la conservation desdits arbres, ainsi qu'à celle de tout bois gissant dans les forêts (3).

Ils mentionnent sur leur registre généralement tout ce qui se fait pour ou contre le service dans l'étendue de leur garde (4).

Les gardes assistent à toute réquisition les préposés de la conservation dans leurs fonc-

------

(1) Instruction pour les gardes, du 16 ventose an X, art. 19.

(2) Loi du 29 septembre 1791, tit. IV, art. 10.

(3) *Ibid*, art. 12.

(4) Ordonnance de 1669, tit. X, art. 8.

tions; ils leur exhibent leurs registres et signent, lorsqu'ils en sont requis, les procès-verbaux qui sont dressés, ou disent la cause de leur refus (1).

Les *fonctions administratives de police* consistent à prévenir les délits.

Leur caractère est la vigilance.

Les gardes sont chargés de veiller nuit et jour à la conservation des bois confiés à leur garde (2).

Une de leurs premières obligations est de garantir du feu les forêts nationales. La loi les autorise à empêcher toutes personnes d'y apporter ou allumer du feu, en quelque saison que ce soit.

S'il y a des usagers dans les bois qui leur sont confiés, les gardes doivent avoir une connaissance exacte de la nature de leurs droits et empêcher qu'on n'en abuse.

Les gardes doivent veiller à ce que les adjudicataires des coupes en usance se conforment à ce qui est prescrit par les lois et ordonnances et par le cahier des charges; ils

______

(1) Loi du 29 septembre 1791, tit. IV, art. 13.
(2) Disposition contenue en la commission délivrée à chaque garde.

doivent particulièrement faire en sorte que les ouvriers coupent les bois rez-de-terre ; à ce qu'ils ne laissent aucune souche rabougrie ; à ce qu'ils ne changent aucun des baliveaux qui ont été marqués ; à ce que les arbres d'assiette, de lisière, de parois et les pieds corniers soient conservés.

Ils doivent empêcher que personne n'amasse dans les forêts des feuillages, herbages, glands ou faînes ; qu'il n'en soit enlevé sables, terres, marne ou argile ; qu'il n'y soit arraché aucun plant de chêne et autres arbres, à moins d'une autorisation expresse ; qu'il ne soit brûlé ni landes, ni bruyères à une distance des forêts moindre de 50 toises, (près d'un hectomètre) ; que l'on ne construise aucuns châteaux, fermes ou maisons dans l'enclos, aux rives et à deux kilomètres des forêts impériales, ni aucun four à chaux, tuilerie, briqueterie, verrerie, forge ni scierie, sans permission du Gouvernement ; qu'on ne mène les chèvres et moutons dans les bois, quelqu'âge qu'ils aient, et en quelque tems que ce puisse être. Enfin, ils doivent se donner tous les soins possibles pour qu'il ne se commette, dans les bois et forêts, aucune infraction aux lois et ordonnances.

Il est aussi de leur devoir de faire respecter les arbres qui bordent les grandes routes et canaux (1), et de s'opposer à toute infraction des lois et ordonnances relatives à la chasse et à la pêche, comme on le verra ci-dessous.

Enfin, ils doivent prendre connaissance des coupes de futaie et des défrichemens que les particuliers exécutent dans leurs bois, et s'informer si les déclarations en ont été faites conformément à la loi.

Les gardes des bois impériaux, ceux des communes et autres établissemens publics, seront organisés en un seul corps, sous le titre de *Garde forestière.*

Le corps de la garde forestière pourra être employé comme celui de la gendarmerie, et concurremment avec lui pour tous les services de police et justice civile et militaire, dans l'étendue du canton où chaque garde exerce ses fonctions (2).

Les gardes forestiers impériaux et ceux des communes et établissemens publics, font donc partie de la force publique; ainsi, la

(1) Arrêté des consuls du 18 messidor an X.
(2) Loi du 9 floréal an XI, art. 15 et 16.

connaissance des violences et voies de fait exercées contr'eux, est de la compétence des cours de justice criminelle spéciale (1).

Le chef de brigade informe le garde général des apparitions dans les bois, des gens suspects, et de tout ce qui s'y passe de contraire à la sûreté publique, et le garde général transmet avec célérité cette information à l'officier de la gendarmerie.

La brigade forestière se joint, si cet officier le requiert, à la force armée.

Dans les arrondissemens forestiers, où la dispersion des bois serait un obstacle à l'embrigadement des gardes particuliers, ils doivent, en cas de rencontre de vagabonds, ou gens sans aveu, rôdant dans les bois, en informer sur-le-champ le garde général, qui fait passer cette information à la gendarmerie, et l'aide ou la fait aider pour les fouilles des bois, quand elles sont reconnues nécessaires (2).

---

(1) Loi du 19 pluviose an XIII, art. 1ᵉʳ. — Arrêts de la cour de cassation des 21 mars 1807, 25 août, 7 mai, 16 juin 1808, et 7 février 1811.

(2) Instruction du 7 prairial an IX, § I, art. 12 et 13.

Les gardes qui ont arrêté des déserteurs ou réfractaires, ont droit à une gratification de 25 francs qui leur est accordée par le préfet du département, sur le vu du procès-verbal d'arrestation et de celui qui constate la remise entre les mains de la gendarmerie (1).

Les gardes qui concourront à la saisie des tabacs de contrebande, sont admis à la répartition du produit des amendes et confiscations; ils sont, sous ce rapport, assimilés aux préposés de la régie des droits réunis, et même autorisés à verbaliser sans le secours de ces derniers (2).

Les préfets sont autorisés à faire payer aux gardes forestiers une gratification de 3 fr. pour chaque condamnation rendue sur leur procès-verbal, pour délits de chasse et de port d'armes (3).

---

(1) Décret impérial du 12 juin 1811. — Circulaire du 24 mai 1810, n° 414.

(2) Dépêche du ministre des finances, transmise par une circulaire de l'administration, du 26 juin 1811. n° 442.

(3) Décret impérial du 8 mars 1811.

CHAPITRE V.

*Des Traitemens et autres Dépenses adminis-
tratives.*

LE traitement annuel des officiers, agens et
employés forestiers, autres que les arpenteurs,
est fixé ; il ne peut excéder, savoir :

Celui des administrateurs, 10,000 fr. ;

Celui des conservateurs, 6000 fr. (1) ;

Celui des inspecteurs-généraux, 6000 fr. (2) ;

Celui des inspecteurs particuliers; 3500 l. (3);

Celui des sous-inspecteurs, 2000 fr. (4) ;

Celui des gardes-généraux, 1200 fr. (5).

Il est fait un fonds pour les retraites par
une retenue sur les traitemens (6).

A compter du 1er janvier 1806, la retenue

---

(1) Loi du 16 nivose an IX, art. 3.
(2) Décret impérial du 23 mai 1806, art. 2.
(3) Loi du 16 nivose an IX, art. 3.
(4) *Ibid.*
(5) *Ibid.*
(6) *Ibid.,* art. 8.

(59)

qui s'effectue sur les traitemens et salaires forestiers, est portée à deux centimes par franc, dont le produit est versé à la caisse d'amortissement, pour former un fonds commun, spécialement et exclusivement destiné à accorder des pensions et secours à ceux qui auront contribué aux retenues, ainsi qu'aux veuves et orphelins (1).

Les administrateurs, les conservateurs et les inspecteurs généraux sont payés sur les mandats du directeur général.

Les inspecteurs, les sous-inspecteurs et gardes généraux sont payés sur les mandats ou certificats conformes au modèle n° VII, qui sont délivrés à la fin de chaque trimestre par le conservateur (2).

Ces mandats ne sont remis aux parties prenantes qu'après avoir été visés par le directeur du domaine national, comme il va être dit au sujet du traitement des gardes (3).

____

(1) Décret impérial du 17 janvier 1806. — Avis du conseil d'état, approuvé par S. M. le 5 mars 1811.

(2) Instruction du 7 prairial an IX, § I, art. 48.

(3) Décision du ministre des finances, du 18 fructidor an IX, mentionnée dans une circulaire du 18 du même mois, n° 32.

Ces mandats sont exempts de la formalité et du droit de timbre (1).

Quant aux gardes particuliers, le sous-inspecteur dresse à la fin du trimestre l'état d'émargement conforme au modèle n° VIII, par chaque arrondissement de recette particulière des domaines (2); il certifie le service de ces gardes, conjointement avec le garde général, et il envoie ensemble les divers états à l'inspecteur, qui les vise, et les transmet au conservateur.

Le conservateur les vérifie, les arrête et les fait passer au directeur du domaine national du département dans l'étendue duquel l'inspection est située.

Le directeur met sur chacun de ces états un *visa* énonciatif de leur montant respectif, et de la caisse du receveur chargé de les acquitter, et les renvoie ensuite au conservateur.

Le conservateur les fait remettre à l'inspecteur, celui-ci au sous-inspecteur, et ce dernier

---

(1) Décision du ministre des finances, du 18 fructidor an IX, mentionnée dans une circulaire du 18 du même mois, n° 32.

(2) Circulaire, n° 569, du 9 décembre 1807.

aux gardes généraux, chacun en ce qui les concerne (1).

Chaque garde compris dans un état en signe l'émargement, soit lorsqu'il est entre les mains du garde général, soit lorsqu'il est parvenu au bureau du receveur du domaine (2).

Les gardes-pêche ne sont point compris dans les états relatifs aux gardes forestiers, mais ils sont portés dans un état d'émargement qui leur est particulier, et est ordonnancé de la manière ci-dessus (3).

Le conservateur forme pour chaque trimestre un état des traitemens des inspecteurs, sous-inspecteurs et gardes généraux, et des paiemens à eux faits, et l'envoie, signé de lui, au directeur général. Il en est de même à l'égard des paiemens faits aux gardes particuliers (4).

Une somme annuelle de 53,800 francs a été originairement affectée aux frais de bureau des conservateurs (5).

---

(1) Circulaire du 28 fructidor an IX, n° 34.
(2) Circulaire du 24 messidor an XII, n° 219.
(3) Circulaire du 12 mars 1807, n° 352.
(4) Instruction du 7 prairial an IX, § I, art. 43.
(5) Arrêté des consuls du 7 frimaire an X.

Chacun d'eux touche, de trimestre en trimestre, et d'après les mandats du directeur
général, la cote qui lui est destinée.

Indépendamment du traitement fixe des inspecteurs généraux, ils reçoivent une indemnité
de 25 francs par jour lorsqu'ils sont en tournée.
Le *maximum* de cette indemnité ne peut excéder 6,000 fr. (1).

Les conservateurs, inspecteurs et sous-inspecteurs forment, jour par jour, des lettres et
paquets relatifs à l'administration des bois, un
état conforme au modèle n° IX, et en fournissent, à la fin de chaque trimestre, un double
certifié.

Le conservateur adresse l'état qui lui est per-
sonnel au directeur général; il reçoit ceux qui
lui sont fournis par les inspecteurs, sous-inspecteurs et gardes généraux, les vérifie avec
soin, en s'assurant du contenu aux lettres et
paquets, et en s'en faisant représenter les adresses
et enveloppes; envoie un double de cet état,
visé de lui, au directeur général, qui pourvoit
au remboursement (2), en suite des ordonnances du ministre des finances.

____

(1) Décret impérial du 23 mai 1806.
(2) Instruction du 7 prairial an IX, § 1, art. 49.

A compter du 1er vendémiaire an 12, le produit des amendes forestières , déduction faite de tous les frais de poursuite et recouvrement, est réparti annuellement entre les officiers et agens forestiers, à titre d'indemnité. Il est dérogé à cet égard à l'article 15 du titre 15 de la loi du 29 septembre 1791 (1).

L'économie des fonds affectés aux traitemens et encouragemens, et les vacations payées par les communes, à raison des opérations faites dans les bois, fournissent aussi chaque année des sommes, au moyen desquelles l'administration accorde des gratifications aux officiers et employés , chacun suivant le zèle qu'il a montré dans l'exercice de ses fonctions.

Ces gratifications ne sont accordées que sur le vu des procès-verbaux de tournées effectives des conservateurs et des officiers ou agens qui leur sont subordonnés (2).

Les arpenteurs reçoivent, à titre de rétribution , et pour tous frais, 2 francs par hectare de bois dont ils ont fait le mesurage, et 1 franc 50 centimes aussi par hectare de bois

---

(1) Loi du 27 nivose an XII.
(2) Circulaire du 17 pluviose an XII, n° 192.

dont ils ont fait le récolement (1). Au moyen de cette rétribution, les frais d'ouverture de layes ou tranchées pratiquées dans les bois pour les opérations des arpenteurs, sont à la charge de ces agens (2).

Le sous-inspecteur dresse, des rétributions dues aux arpenteurs, un état conforme au modèle n° X, en envoie un double à l'inspecteur, pour être par lui transmis au conservateur, qui y appose son *visa*, et l'adresse au directeur général (3) avec les procès-verbaux d'arpentage et réarpentage.

Le directeur général ordonnance ces états et les renvoie au conservateur, qui tire pour le montant des mandats en faveur de chaque partie prenante (4).

Aucune dépense extraordinaire, telles que celles de réparations de bâtimens, fossés de clôture, semis, plantations, construction de chemin et autres améliorations, ne peut avoir lieu sans une autorisation expresse du ministre

---

(1) Loi du 16 nivose an IX, art. 5.

(2) Lettre de l'administration au conservateur de la 13ᵉ division, du 11 prairial an XI, n° 2289.

(3) Instruction du 7 prairial an IX, § III, art. 6.

(4) Circulaire du 14 brumaire an X, n° 47.

des finances. Cette autorisation ne s'obtient qu'après avoir fourni : 1° les procès-verbaux qui constatent la nécessité ou l'utilité des travaux ; 2° les devis et états estimatifs portant les dimensions, en mesure métrique, de chaque ouvrage à exécuter, et les prix approximatifs auxquels ils peuvent être adjugés ; 3° un projet de cahier des charges pour l'adjudication au rabais, dans lequel il doit être particulièrement énoncé que les paiemens à effectuer par le receveur des domaines n'auront lieu qu'en vertu d'une ordonnance du ministre, sur le vu du procès-verbal d'un officier forestier, visé par le conservateur, qui constatera la bonne exécution des travaux (1).

S. M. l'Empereur a l'intention d'employer, chaque année, une partie des fonds qui proviennent de la vente des coupes de bois, à créer ou à améliorer les communications par terre ou par eau, qui, en facilitant l'exploitation et le transport des bois, en augmenteront le produit.

En conséquence, les officiers forestiers doivent indiquer aux ingénieurs en chef des ponts

----

(1) Circulaire du 28 brumaire an XII, n° 119.

et chaussées les routes qu'il conviendrait d'ouvrir, de rétablir ou de réparer; quels sont les canaux et les rivières dont on pourrait créer et perfectionner la navigation ou le flottage, pour l'amélioration du produit des forêts.

Les officiers de l'un et de l'autre service doivent, en cette matière, se communiquer mutuellement leurs vues et en faire connaître le résultat à leurs chefs respectifs, pour les mettre à même de prendre les ordres de S. M. (1).

____

(1) Circulaire du 21 juillet 1808, n° 373.

CHAPITRE VI.

Des Archives.

L'ARTICLE 9 de la loi du 16 nivose an 9 voulait que les agens forestiers remissent aux nouveaux officiers, sous bref inventaire, les plans, titres et papiers de l'administration dont ces agens se trouvaient dépositaires.

L'administration traça la marche qui devait être suivie pour l'exécution de cette disposition de la loi (1).

En conséquence, il fut fait un triage des titres, plans, papiers et documens existans dans les dépôts des maîtrises. Le conservateur, dans chaque division, se réserva ceux qu'il jugea lui être utiles ou nécessaires, et chargea des autres les officiers correspondant immédiatement à lui, et qui avaient dans leurs arrondissemens les bois que ces papiers concernaient. Il fut fait de leur triage et répartition un état double,

____

(1) Instruction du 7 prairial an IX, art. 3.

signé du conservateur pour ceux dont il avait fait choix, et, pour les autres, de l'officier forestier dépositaire. Le double de ces divers états fut envoyé à l'administration.

Il en sera usé de même relativement aux découvertes de papiers qui pourront avoir lieu à l'avenir (1).

Ces titres, plans et papiers constituent les archives de chaque conservation, inspection et sous-inspection. Lors de vacance de ces places, il sera fait, tant de ces papiers que de la minute du livre-journal et de la correspondance administrative, un bref inventaire, au moyen duquel les nouveaux pourvus seront chargés de ces archives et en répondront au gouvernement (2).

Comme les plans des forêts sont d'une grande importance, pour en constater la position, l'étendue et les anciennes limites, l'administration a voulu avoir une connaissance particulière de ceux qui existaient dans les archives des divers officiers; et pour y parvenir elle s'est fait fournir par chaque conservateur (3) des

____

(1) Instruction du 7 prairial an IX, art. 5.
(2) Ibid., art. 4.
(3) Circulaire du 29 mai 1806, n° 520.

états des plans des forêts impériales déposés dans les archives de leurs divisions respectives. Ces états, divisés par colonnes, présentent un numéro d'ordre, le nom de la forêt ou de la partie de forêt comprise au plan, le département, l'arrondissement, le canton et la commune dans lesquels elle est située, l'étendue de la forêt, la date du levé du plan ou de la copie qui en a été faite, le nom de l'arpenteur, l'échelle du plan, et des observations sur l'exactitude et le soin avec lesquels chaque plan a été levé, etc.

Il existe un double de ces états, tant dans les bureaux de l'administration générale que dans ceux des conservateurs.

DEUXIÈME PARTIE.

RÉGIME.

SECTION PREMIÈRE.

DES FORÈTS ET DES EAUX DEPENDANT
DU DOMAINE DE L'EMPIRE.

CHAPITRE PREMIER.

De la Statistique des Foréts Impériales.

Un des premiers soins des officiers forestiers
doit tendre à avoir une connaissance exacte
des forêts qui leur sont confiées ; aussi l'administration générale , dès le moment de son
installation, chargea-t-elle les conservateurs de

former, tant des bois nationaux de leurs divisions que des bois communaux et de ceux des hospices et autres établissemens publics, un sommier, dont un double existe dans les bureaux de l'administration, et l'autre dans ceux de chaque conservation (1).

Dans ce sommier, qui est en forme d'état, il est fait mention, pour chaque forêt, de sa situation, de son origine, de son étendue, de son essence dominante, de l'aménagement auquel est elle soumise, les titres de propriété qui y ont rapport, les usages et affectations dont elle est grévée, et les titres sur lesquels ces droits sont établis; enfin, les instances qui peuvent exister y sont aussi énoncées.

Mais ce sommier est nécessairement devenu fautif dans plusieurs de ses parties; depuis sa formation, beaucoup de forêts déclarées aliénables par la loi ont été rendues aux émigrés, sur lesquels elles avaient été confisquées; d'autres ont été vendues; enfin, l'Etat a récupéré la possession d'une grande quantité de bois qui avaient été usurpés dans les temps d'anarchie.

Ces considérations ont engagé M. le conseil-

____

(1) Instruction du 7 prairial an IX, § I, art. 1er.

ler d'état directeur général de l'administration
à demander de nouveau à chaque conservateur
un état statistique des forêts impériales de son
arrondissement (1).

------

(1) Circulaire du 15 octobre 1807, n° 365.

CHAPITRE II.

*Des Limites des Forêts, de l'Arpentage et
du levé des Plans.*

LES anciennes ordonnances (1) veulent que
toutes les forêts appartenant à la couronne
soient abornées et arpentées, et que le plan
en soit levé; il a été en conséquence procédé
successivement à l'abornement et au levé du
plan d'un grand nombre de ces forêts, mais
on ne s'est point occupé de celles qui parais-
saient peu importantes par leurs produits,
comme la plupart des forêts des montagnes :
d'ailleurs, le tems et la mauvaise foi des riverains ont détruit un grand nombre de bornes
anciennement plantées, en sorte qu'il existe
beaucoup de forêts qui n'ont jamais été abor-

---

(1) Ordonnance de François Ier, du mois d'août
1545. — Ordonnance de Henri IV, du mois de mai
1597.

nées , et dont l'abornement est incomplet ; beaucoup plus encore dont les plans n'ont pas été levés ou n'existent plus , et dont on ne connaît point la vraie contenance.

L'administration , sans cesse occupée de réparer la négligence et les excès du passé, surtout lorsqu'elle peut concilier une sage économie avec les grandes vues qui l'animent, a saisi, pour réintégrer les forèts impériales dans leurs anciennes limites , l'occasion que présentait le levé du cadastre général ordonné par les arrêtés du gouvernement, des 12 brumaire an 11 et 27 vendémiaire an 12.

Les propositions qu'elle a faites au gouvernement à ce sujet ayant été adoptées (1) , elle a adressé successivement aux officiers forestiers une instruction du 24 messidor an 12 , un supplément du 15 thermidor an 13, et deux circulaires des 24 octobre et 26 décembre 1811, qui ont pour objet :

1° La reconnaissance préparatoire des limites des forèts ;

2° Le réglement de ces limites ;

3° L'abornement ;

---

(1) Circulaire de S. Exc. le ministre des finances à MM. les préfets , du 4 ventose an XII.

4° L'arpentage ;

5° Le levé du plan, et le salaire accordé aux géomètres ;

6° L'ouverture des fossés de clôture.

Voici la marche qui doit être suivie pour chaque opération, d'après les décisions du ministre et les instructions de l'administration.

Reconnaissance préparatoire des Limites des Forêts.

Cette opération préparatoire concerne les officiers forestiers : ils reconnaissent d'abord le département, l'arrondissement communal, le canton de justice de paix, et la commune où chaque forêt est située, le nom de la forêt, et ses tenans et aboutissans (1).

Quand il est question d'une forêt divisée en plusieurs cantons ou triages, ayant chacun leur nom particulier, ils s'assurent du nom de ces divisions, pour éviter toute confusion avec le nom générique, qui est principalement à considérer (2).

La situation et la dénomination des parties de bois à décrire étant ainsi bien fixées, les

____

(1) Instruction du 24 messidor an XII.
(2) *Ibid.*

officiers forestiers doivent se procurer les anciens plans, ainsi que les titres et renseignemens propres à faire connaître l'étendue et la consistance de la forêt à décrire. A ces renseignemens écrits doivent se joindre, s'il est nécessaire, les déclarations des anciens forestiers ou des habitans domiciliés depuis long-tems dans le canton, ces déclarations étant propres à faciliter les moyens d'adapter les titres et plans à l'état actuel des lieux.

Les officiers forestiers, munis de tous ces renseignemens, se font assister, s'il est nécessaire, d'un arpenteur ou géomètre assermenté ; et après avoir visité les lieux, ils dressent leur procès-verbal de reconnaissance, dans lequel ils spécifient l'état des bornes, des fossés, des chemins, et de tout ce qui peut servir à faire connaître les limites anciennes et actuelles ; ils y relatent les anticipations qui leur paraissent avoir été faites, en désignent l'étendue et les auteurs, et ils font connaître l'époque à laquelle elles remontent, les titres et preuves qui peuvent être invoqués à l'appui de leur opinion.

Réglement des Limites.

Le procès-verbal de reconnaissance préparatoire des limites est transmis au conservateur, qui donne à M. le préfet un mémoire contenant demande d'un arrêté de convocation des riverains, et des pouvoirs à conférer, au besoin, aux personnes que désignera ce magistrat pour assister à la détermination des limites.

Cet arrêté fixe le jour auquel l'opération devra commencer, le lieu de départ, et la direction suivant laquelle il sera procédé.

Le jour indiqué pour l'ouverture de l'opération doit être postérieur de vingt jours, au moins, à celui de la publication que M. le préfet fera faire de cet arrêté par les maires des communes sur le territoire desquelles est située la forêt ou la partie de bois à délimiter.

Par le même arrêté, M. le préfet nomme un délégué chargé de représenter l'Etat propriétaire, et ce délégué peut être un agent forestier supérieur, auquel ce magistrat donne une autorisation spéciale à cet égard.

Le même arrêté est transmis par le conservateur aux agens forestiers locaux, qu'il charge de lui donner, en ce qui les concerne, de la publicité.

Il transmet aussi aux officiers forestiers les délégations qui peuvent avoir été données par M. le préfet.

Au jour indiqué, les parties présentes procèdent à la reconnaissance définitive et fixation des limites. L'opération se continue sans interruption de l'ordre des numéros des points de station pris sur le périmètre de la forêt ou de la partie de bois qui en est l'objet.

A l'égard des portions de terreins enclavés dans cette forêt ou partie de bois, quelles que soient l'origine et la nature de ces terreins, on dresse des procès-verbaux particuliers de la reconnaissance et de la fixation des limites de chacune d'elles.

Lors de cette reconnaissance définitive des limites, ou les propriétaires se présenteront, ou ils ne comparaîtront point, ni personne pour eux.

S'ils paraissent, la reconnaissance provisoirement faite par les agens forestiers, des limites de la partie de bois à borner, leur est communiquée; et alors il arrive ou que le tracé provisoire de ces limites est accordé, ou que les riverains le contestent.

Au premier cas, le procès-verbal de reconnaissance définitive des limites est dressé et signé de toutes les parties intéressées, et il constate la reconnaissance contradictoire ; et s'il est reconnu que la ligne du tracé provisoirement indiquée par les agens forestiers doive être resserrée, les motifs de ce changement seront énoncés au procès-verbal, quand même il y aurait pour la fixation de cette ligne un consentement unanime des parties.

Au second cas, et si les riverains contestent, les portions de terrain en litige sont indiquées sur le plan, et les dires respectifs consignés au procès-verbal.

Le procès-verbal est signé, tant par les parties intéressées à la propriété des portions de bois à délimiter que par les propriétaires riverains ainsi convoqués; et à l'égard de ces derniers, s'ils ne peuvent signer, ou s'ils refusent de le faire, ou si même ils ne se présentent ni en personne ni par aucun individu fondé de leurs pouvoirs, il en est fait mention, et passé outre.

Le riverain contre lequel il a été procédé par défaut, peut réclamer pendant la durée de l'opération concernant la partie de bois à laquelle touche sa propriété; mais cette opération finie, il n'est admis à se pourvoir qu'en consignant les frais présumés de la nouvelle reconnaissance des limites qu'il sollicitera.

Les difficultés sont portées au conseil de préfecture, qui, s'il est question de limites entre un bois impérial et un terrain aliéné, comme domaine national, statue définitivement (puisqu'il s'agit d'expliquer le contrat de cette aliénation), et qui, dans les autres cas (s'agissant toujours de limiter un bois impérial), donne son avis, d'après lequel on voit s'il y a lieu ou non à recourir aux tribunaux (1).

Abornement.

A l'instant même de la fixation des limites, on plante à chaque point formant le sommet d'un angle saillant ou rentrant du périmètre d'une partie de bois, un fort piquet servant à marquer ce point, que le procès-verbal constate, en rappelant l'ouverture de l'angle, et qui se trouve également indiqué sur le plan.

Ces piquets servent à marquer de fond des fossés destinés à séparer la partie de bois délimitée d'avec les propriétés riveraines; en sorte que ces fossés sont pris par moitié sur l'un et l'autre terrain.

Les frais de bornes et de tous autres néces-

---

(1) Décision du ministre des finances, du 19 septembre 1811. — Circulaire du 24 octobre suivant, n° 457.

saires pour parvenir à la reconnaissance et fixation définitive des limites, et que l'ensemble de cette opération peut éxiger, sont supportés par moitié, c'est-à-dire que, pour les forêts impériales, une moitié de ces frais est payée par l'Etat, l'autre moitié par les riverains possédant ou ne possédant pas de bois, chacun à raison de la longueur de la ligne qui sépare sa propriété de celle de l'Etat.

A la fin de l'opération, le procès-verbal est clos, et la minute déposée aux archives de la préfecture.

Deux expéditions en sont remises au conservateur; il en adresse une à l'administration des forêts; l'autre reste aux archives de la conservation (1).

Arpentage.

L'arrêté des consuls, du 12 brumaire an 11, détermine le nombre des communes qui doivent être arpentées chaque année dans tous les départemens, et le mode de désignation de ces

______

(1) Décision du ministre des finances, du 19 septembre 1811. — Circulaire du 24 octobre suivant, n° 457.

communes. Il suffit de dire ici que les géomètres doivent proposer de préférence au choix
de MM. les préfets les communes où sont situées les forêts impériales, sans déroger à la
contiguïté exigée (1). Dès que l'état en a été
arrêté, le préfet le communique au conservateur forestier, et lui indique la date de l'ouverture des travaux (2).

Celui-ci examine quelles sont celles des communes dans le territoire desquelles il se trouve
des forêts impériales; il en adresse l'état aux
officiers forestiers de l'arrondissement, qui se
concertent avec les ingénieurs du cadastre, et
leur donnent les indications nécessaires pour
les diriger dans l'arpentage et le levé du plan
de ces forêts.

Ces deux opérations ne peuvent être retar-
dées sous le prétexte qu'il reste des différends
à régler entre les officiers forestiers et les riverains. Si les difficultés se prolongent au-delà du

____

(1) Instruction de l'administration, du 24 messidor
an XII. — Circulaires des 24 octobre et 26 décembre
1811, n⁰ˢ 457 et 460.

(2) Circulaire du ministre des finances à MM. les
préfets, du 8 frimaire an XIII.

tems de l'arpentage de la commune, le géomètre, sans suspendre la clôture de son travail, mesure le terrain contentieux, l'indique sur son plan, et attend pour le fixer que l'autorité compétente ait prononcé (1).

Quand une forêt impériale s'étend sur le territoire de plusieurs communes, il est possible de l'annexer au territoire d'une de ces communes, afin d'éviter l'ouverture des laies; mais si, à raison de sa grande étendue, on juge convenable de la diviser, on doit établir la ligne divisionnaire ou séparative au premier chemin ou au premier ruisseau qui offrira un accès facile dans toute la profondeur du massif de la forêt; dans ce dernier cas, le géomètre fait le calcul de la contenance totale de la forêt, et compose le périmètre, lorsqu'il a arpenté les différentes communes sur lesquelles elle s'étend.

Si une forêt s'étend sur deux départemens, les deux géomètres doivent se concerter pour en former ensemble le périmètre (2).

_____

(1) Circulaire de S. Exc. le ministre des finances à MM. les préfets, du 8 frimaire an XIII.

(2) Instruction du 24 messidor an XII.

6.

Quoique les géomètres du cadastre aient souvent prétendu que l'ouverture des laiés dans les forêts était indispensable pour la pratique de leurs opérations, le ministre s'est déterminé à leur prescrire d'employer d'autres procédés qui ne portassent aucun préjudice aux propriétés, et que l'art de lever les plans offre en assez grand nombre (1).

Si, contre cette décision, il arrivait que.les géomètres exécutassent ou fissent exécuter des percées dans les bois, il en serait dressé procès-verbal en la forme ordinaire. Ces procès-verbaux seraient envoyés au conseiller d'état directeur général par le conservateur, avec ses observations et celles de l'inspecteur local, sur les motifs qui ont pu déterminer le géomètre à faire ces percées. Aucune poursuite n'aurait lieu devant les tribunaux sans une autorisation expresse du ministre, transmise par l'administration (2).

---

(1) Circulaire du ministre des finances à **MM.** les préfets, du 9 messidor an **XII.**

(2) Instruction du 24 messidor an **XII.** —Circulaire du ministre des finances à **MM.** les préfets, du 15 fructidor an **XII.**

Levé des Plans et Salaire accordé aux Géomètres du Cadastre.

Les plans doivent reposer sur trois bases principales; savoir : l'uniformité de disposition, l'uniformité d'échelle, et le rattachement à des points pris hors du terrain mesuré.

Par *uniformité de disposition* on entend la manière d'orienter les plans ; ils doivent être orientés *plein nord*, c'est-à-dire qu'ils doivent, comme les cartes géographiques, présenter le nord en haut, le midi en bas, l'orient à la droite, et l'occident à la gauche de celui qui regardè.

Par uniformité d'échelle on entend que les plans doivent être dressés sur une échelle commune qui sera d'un sur le papier à cinq mille sur le terrain; à cet effet, indépendamment des instrumens nécessaires pour la levée géométrique des plans, l'arpenteur doit être pourvu d'une règle de métal, sur laquelle est gravée l'échelle d'un à cinq mille.

Enfin, par rattachement, on entend qu'après avoir tiré la ligne de circonscription d'une forêt, on détermine par des angles les rapports de situation des principaux points de cette figure à d'autres points pris dans les territoires voisins, tels que clochers, moulins, et autres signes apparens (1).

Les géomètres ne sont point tenus de joindre au plan les calculs de l'étendue de la forêt, il suffit qu'ils en fassent connaître la contenance (2).

Les géomètres doivent énoncer, dans un des angles, le département, l'arrondissement communal, le canton de justice de paix et la commune où se trouve située la forêt, et le nom de cette forêt.

L'on sait que le plan de chaque commune, dressé par les géomètres du cadastre, est divisé en **carreaux** de décimètres désignés verticalement par des lettres, et horisontalement par des numéros.

Pour faire connaître la position exacte des bois relativement à l'ensemble du territoire de la commune qui les renferme, les géomètres

(1) Instruction de S. Exc. le ministre des finances pour l'exécution de l'arrêté des consuls, du 12 brumaire an XI.—Instruction de l'administration, du 24 messidor an XII.

(2) Circulaire de S. Exc. le ministre des finances à MM. les préfets, du 15 fructidor an XII.

indiquent sur le calque de chaque forêt la dernière lettre du plan total de la commune, ainsi que le dernier numéro, et ils copient sur ce calque les carreaux dans lesquels se trouve renfermée la forêt, en les désignant par leurs lettres et leurs numéros.

Les géomètres tracent la conscription de la forêt par un filet de couleur verte, adoucie en dedans du bois, sur une largeur d'environ deux millimètres (1).

Il est alloué aux géomètres du cadastre une prime de dix centimes par hectare de forêts impériales qu'ils ont à décrire (2).

Indépendamment de cette prime, il leur est aussi alloué deux francs pour les parties de bois non contigues qui ont moins de cinquante hectares (3).

Moyennant ces rétributions, les géomètres, après avoir fait les opérations ci-dessus détaillées, sont tenus de remettre le calque du plan

____

(1) Circulaire de S. Exc. le ministre des finances à MM. les préfets, du 8 frimaire an XIII.

(2) Instruction du 24 messidor an XII.

(3) Circulaire de S. Exc. le ministre des finances à MM. les préfets, du 6 germinal an XIII.

du périmètre de chaque forêt décrite, aux officiers forestiers qui ont assisté à l'opération (1).

Les officiers forestiers donnent un reçu de ces pièces, les font passer au conservateur, qui les transmet à l'administration, avec ses observations (2).

L'administration fait un état de la prime qui revient à chaque géomètre, l'adresse à la régie de l'enregistrement, qui en fait payer le montant sur simple quittance des géomètres (3).

Observations relatives aux Arpenteurs forestiers.

Au moyen de la formation du cadastre général de l'Empire, et des dispositions qui viennent d'être rapportées, l'administration forestière se procurera successivement les plans de toutes les forêts impériales; mais le cadastre ne pourra être terminé que dans un certain nombre d'années,

----

(1) Circulaire de S. Exc. le ministre des finances à MM. les préfets, du 8 frimaire an XIII.

(2) *Ibid.*

(3) *Ibid.* — Instruction de l'administration, du 15 thermidor an XIII.

et jusqu'alors il se trouvera beaucoup de circonstances où il sera nécessaire de lever le plan de certaines forêts, soit pour parvenir à leur aménagement, soit pour vider les contestations auxquelles pourront donner lieu leurs limites. Les arpenteurs forestiers devant être chargés de ces opérations, il convenait de leur tracer la marche qu'ils avaient à suivre. Cet objet se trouve rempli par l'instruction que l'administration a publiée le 9 frimaire an 10. Nous nous bornerons ici à rappeler les articles de cette instruction qui ont rapport au levé du plan d'une forêt entière.

Ces articles sont en concordance avec les principes d'après lesquels opèrent les géomètres du cadastre ; mais ils renferment quelques règles d'exécution qui sont particulières aux arpenteurs forestiers.

Pour que toutes les parties du sol forestier de l'Empire fussent en harmonie avec le système d'une description générale de son territoire, il fallait que le plan de chaque forêt fût levé d'après le mode de *cutillation*, qui est celui employé pour les cartes géographiques : aussi est-il prescrit aux arpenteurs forestiers de se servir d'une chaîne divisée en mètres et subdivisée en décimètres, et de la tenir de niveau dans leurs opérations (1).

Cependant ce mode n'est point exécuté dans la pratique ; il est des cas où il convient d'employer celui de *développement*, qui consiste à tenir la chaîne parallèlement à la superficie des terrains montueux ; lors, par exemple, qu'il s'agit de vérifier un plan dressé d'après ce dernier mode, il faut bien que le réarpenteur opère de la même manière que le premier arpenteur (2) : sans cela, les deux plans, quoique levés l'un et l'autre avec beaucoup d'exactitude, présenteraient des résultats différens.

Ce mode de *développement*, ainsi que tout le monde le sait, donne un plus grand nombre d'hectares que celui de *cutillation*, quoique le périmètre du terrain mesuré soit le même.

Je suppose un terrain incliné de soixante degrés, dont la base soit composée de côtés ayant chacun cent mètres de longueur ; si le terrain est mesuré par *cutillation*, sa contenance se trouvera être d'un hectare ; si on le mesure par développement, cette contenance

______

(1) Instruction du 9 frimaire an **X**, art. 4.

(2) Circulaire du 11 ventose an **X**, n° 71.

sera de deux hectares. Dans les contrées où ce dernier mode a été toujours usité, il serait nuisible aux intérêts du gouvernement de lui substituer le mode opposé, parce qu'il serait à craindre que les marchands de bois ne pussent comprendre que, dans le cas ci-dessus, l'hectare mesuré sur la base a la même étendue que deux hectares mesurés sur la superficie. D'après cette considération, l'administration a autorisé ses préposés à adopter le mode de développement dans toutes les circonstances où l'intérêt du gouvernement paraîtra l'exiger (1).

Mais ne perdant pas de vue que le mode seul de cutillation peut donner des plans qui se raccordent avec la description générale du sol de l'Empire, l'administration a fait un appel au zèle des arpenteurs, et leur a manifesté son désir d'avoir pour chaque terrain montueux deux opérations, l'une faite sur la superficie, l'autre sur la base (2).

Pour prévenir les erreurs auxquelles pourrait donner lieu l'usage de ces deux modes, les arpenteurs doivent, dans tous les cas, indiquer

____

(1) Circulaire du 11 ventose an X, n° 71.
(2) Ibid.

en tête de leurs plans s'ils ont opéré en suivant l'obliquité des terrains, ou si les mesures ont été prises horisontalement (1).

Les arpenteurs forestiers, ainsi que les géomètres du cadastre, doivent énoncer, dans un des angles du plan, le département, l'arrondissement communal, le canton de justice de paix d'où dépend la forêt décrite, le nom de cette forêt et sa contenance.

Leurs plans doivent aussi être orientés *plein nord*, et rattachés à des points fixes ; dans ces points, il faut, autant que possible, prendre ceux dont l'importance doit faire croire que leur position a été déterminée invariablement dans les opérations faites pour la levée de la grande carte de France de *Cassini*.

Si le point de rattachement est pris à une distance trop éloignée, et qu'il sorte de la feuille destinée à recevoir le plan, l'arpenteur tire une ligne jusqu'à l'extrémité de cette feuille ; il place dans sa véritable direction le point observé, en cotant sur la ligne de direction la distance du

______

(1) Circulaire du 11 ventose an **X**, n° 71.

point indiqué dans la partie de bois décrite, au point observé au dehors (1).

Les arpenteurs forestiers ne doivent point se borner à donner dans leurs plans la cons-cription de la forêt décrite ; ces plans doivent aussi indiquer les bornes existantes, les che-mins, fossés, rivières, ruisseaux et bâtimens compris sur cette surface (2).

Leurs plans pour les triages ou parties de bois au-dessous de cent hectares doivent être faits à l'échelle d'un pour dix mille (3).

Les plans de partie de bois au-dessus de cent hectares sont faits à l'échelle d'un pour cinq mille, qui est adoptée pour les opérations du cadastre (4).

Les plans d'une forêt au-dessus de cinq cents hectares se font à l'échelle d'un pour dix mille ; et si leur étendue dépasse à cette échelle les limites d'une feuille de papier *grand aigle*, de manière à exiger une seconde feuille ; dans ce

______

(1) Instruction de l'administration, du 9 frimaire an X.

(2) *Ibid.*, art. 5.

(3) Circulaire du 11 ventose an X, n° 71.

(4) *Ibid.*

cas, on dispose ces plans en forme d'*atlas*, accompagné d'une carte d'assemblage, dressée à l'échelle d'un pour cinquante mille (1).

Il convient que les arpenteurs indiquent en lignes ponctuées et cotées, sur leur plan, les angles et les côtés mesurés sur le terrain pour la construction du plan, ce moyen étant le plus simple pour faciliter les vérifications qui pourraient être ordonnées et celles que voudraient faire eux-mêmes les arpenteurs. Il faut aussi qu'ils aient une attention particulière à marquer sur place le point d'où ils sont partis pour lever leur plan; autrement, toute vérification deviendrait très-difficile (2).

Enfin, les arpenteurs doivent indiquer autour de la forêt décrite les tenans et aboutissans.

Fossés de Clôture.

Les bornes plantées autour des forêts sont exposées à être déplacées ou enlevées; celles qui sont respectées par les hommes sont détruites par le tems, et les rives des forêts n'ayant

---

(1) Circulaire du 11 ventose an **X**, n° 71.

(2) *Ibid.*

plus de limites certaines, sont broutées par les bestiaux et envahies par les riverains.

Ces inconvéniens ne se remarquent pas dans les forêts que l'on a eu la précaution d'entourer de fossés. Le déplacement ou l'enlèvement des bornes n'y est point à craindre; un tel délit serait sans fruit pour son auteur, parce que les limites de la forêt, quoique dépourvues de bornes, n'en seraient pas moins constantes.

Ce n'est point sous ce rapport seul qu'il est intéressant de clorre les forêts : les fossés sont un obstacle au passage des bestiaux et des charrettes, et préviennent un grand nombre de délits.

Il serait donc bien essentiel que toutes les forêts de l'Empire fussent entourées de fossés; mais cette mesure n'a jamais été ordonnée d'une manière générale, sans doute parce qu'on a craint la dépense qu'elle entraînerait. On ne peut cependant pas dire qu'elle ait été négligée par les anciens gouvernemens ni par ses agens. Les grands - maîtres étaient autorisés à employer à la construction des fossés une partie des fonds dont ils avaient la disposition (1).

____

(1) Ordonnance de 1669, tit. III, art. 17, modifiée par l'édit du mois de mai 1716.

Les riverains possédant bois joignant les forêts et buissons impériaux, sont obligés de les en séparer par des fossés ayant un mètre trois décimètres de largeur et un mètre six décimètres de profondeur (1), et les gardes sont tenus de veiller à la conservation de tous ces fossés (2).

C'est ainsi qu'un certain nombre de forêts de l'Empire se trouvent entourées de fossés, soit dans tout leur périmètre, soit dans quelques-unes de leurs parties les plus exposées aux entreprises de la mauvaise foi.

L'administration s'occupe avec une sérieuse attention de l'entretien des fossés qui existent, et de l'établissement de ceux qui restent à faire.

Il faut distinguer autour des forêts impériales trois sortes de tenans et aboutissans ; savoir :

1° Les bois des particuliers ;

2° Les chemins publics et les domaines de l'Etat ;

---

(1) Ordonnance de 1669, tit. XXVII, art. 4. — Décision du ministre des finances, du 19 septembre 1811, transmise par la circulaire du 24 octobre suivant, n° 457.—Autre circulaire du 26 décembre 1811, n° 460.

(2) *Ibid.*, tit. X, art. 10.

3° Les propriétés particulières qui ne sont point en nature de bois.

La construction des fossés, de même que leur entretien, est, comme on vient de le dire, à la charge des particuliers dans toute l'étendue de leurs bois joignant les forêts impériales.

Le ministre de l'intérieur est chargé des fossés le long de toutes les parties de forêts qui aboutissent, soit à des chemins publics, soit à des domaines nationaux.

Quant aux parties de forêts qui aboutissent à des propriétés particulières autres que les bois, les fossés à y construire se font à frais communs par l'administration forestière et par les riverains (1). Dans ce cas, la part de l'administration semble devoir être mise à la charge des adjudicataires des coupes riveraines (2), qui sont aussi obligés de curer à vif-fond et d'aligner tous les fossés, sangsues, rigoles, glacis et laies qui se trouvent dans l'intérieur et au pourtour de leurs ventes, conformément

---

(1) Décision du ministre des finances, du 19 septembre 1811, transmise par la circulaire du 24 octobre 1811, n° 457.—Autre circulaire du 26 décembre 1811, n° 460.

(2) Circulaire du 26 décembre 1811, n° 460.

7

au procès-verbal dressé par les officiers forestiers lors du martelage (1).

Quant aux parties qu'il est urgent de clorre
ou qui se trouvent trop étendues pour être
mises à la charge des adjudicataires, les officiers sont chargés de présenter des devis estimatifs de la partie qui est à la charge de l'État,
pour en faire l'adjudication au rabais, ensuite
de l'autorisation du gouvernement (2).

Ces devis doivent être contenus dans un
procès-verbal qui fait connaître le nom de la
forêt, sa situation, sa contenance, ses produits
ordinaires, les motifs qui justifient la nécessité
de la dépense proposée, et les avantages qui
doivent en résulter.

Nous terminerons ce chapitre, en observant
que les officiers forestiers doivent d'abord s'occuper de la délimitation, 1° des forêts les plus
importantes, et sur lesquelles il est à croire qu'il
a été commis des anticipations qu'il devient
nécessaire de réprimer; 2° de celles qui se
trouvent situées sur le territoire des communes

----

(1) Cahier des charges pour l'exercice de 1812,
art. 77.

(2) Circulaire du 31 juillet 1806, n° 329.

dont les plans ont été levés récemment, soit par les ingénieurs du cadastre, soit par les arpenteurs forestiers et autres.

Dans tous les cas, les premiers préalables à remplir consistent à adresser à l'administration des projets, et à lui indiquer approximativement la nature ainsi que le montant des travaux que la reconnaissance et la fixation des limites de chaque forêt paraîtront devoir exiger, aucune opération de ce genre ne pouvant être entreprise sans une autorisation préalable (1).

____

(1) Circulaire du 26 décembre 1811, n° 460.

CHAPITRE III.

Des Aménagemens.

———

ON entend communément par aménagement l'emploi de tous les moyens qui concourent à la conservation d'une forêt, à la restauration de ses parties dégradées ou ruinées, et à l'amélioration de ses produits.

Autrefois, les maîtrises obtenaient, pour chaque forêt qui n'avait pas encore été aménagée, un arrêt du conseil, que l'on appelait *arrêt de réformation* ou *d'aménagement;* cet arrêt ordonnait la reconnaissance et la fixation des limites, l'abornement, le creusement des fossés nécessaires, l'arpentage et le levé du plan, la division des coupes, le recépage des parties dégradées, et le repeuplement des clairières.

Toutes ces opérations s'exécutaient consécutivement à la réquisition de la partie publique dans la forêt qui était l'objet de l'arrêt obtenu;

lorsqu'elles étaient terminées , on s'occupait successivement des autres forêts du ressort.

La marche de l'administration actuelle n'est pas la même.

L'on a vu dans les chapitres qui précèdent, que le réglement des limites, l'abornement et l'ouverture des fossés s'opéraient par des mesures générales que l'on peut regarder actuellement comme indépendantes de l'aménagement.

D'autres mesures générales, comme on le verra dans les chapitres suivans, sont prescrites pour les récépages et les repeuplemens.

Nous ne considérerons donc ici dans l'aménagement d'une forêt, que le mode d'exploitation auquel elle doit être soumise, l'âge auquel les coupes doivent être faites, et les réserves à y établir.

Mode d'Exploitation.

On connaît trois modes d'exploiter les bois ; savoir : 1° la coupe à *tire et aire ;* 2° la coupe par pied d'arbres, *en jardinant ;* 3° la coupe par *éclaircies* ou *espurgades.*

Le premier de ces modes est le seul qui soit autorisé par les anciennes lois ; elles veulent toutes que les coupes se fassent par contenance et de proche en proche, sans rien laisser en arrière (1).

Le second mode, qui consiste à couper par pied d'arbres en jardinant, est autorisé dans les forêts de sapins, dans les forêts de hêtres et de sapins (2), sur les arbres épars et dans les boqueteaux disséminés, surtout lorsque les arbres qui doivent être abattus peuvent tomber dans des vides ou sur les lisières des forêts (5).

Quant à l'exploitation par éclaircies ou espurgades, elle n'est autorisée par aucune loi ni ancienne ni moderne.

Age des Coupes.

Les réglemens forestiers ne présentent aucune base pour fixer l'âge auquel les bois doivent être coupés ; il résulte seulement de leurs dispositions que les taillis de châtaigniers peu-

---

(1) Ordonnance de François Ier, du mois de juillet 1544. — Etats de Blois, du mois de novembre 1576. — Edit de Henri III, du mois de mai 1579. — Ordonnance de Louis XIV, du mois d'août 1669.

(2) Décret impérial du 30 thermidor an XIII.

(3) Décision de S. Exc. le ministre des finances, rapportée dans une circulaire du 20 août 1806, n° 334.

vent être exploités à l'âge de sept ans (1), et que les taillis des autres essences peuvent l'être à dix ans (2).

Quant aux forêts en nature de futaie, les anciennes ordonnances en réglaient les coupes à l'âge de cent ans (3); mais leurs dispositions n'ont point été renouvelées par l'ordonnance de 1669, et elles sont tombées en désuétude.

Réserves.

Pour fournir des ressources aux constructions navales et civiles, ou a senti dans tous les tems la nécessité de destiner une portion de chaque forêt à croître en futaie. Cette portion consiste en une étendue déterminée de bois que l'on appelle *défends*, ou en une quantité d'arbres épars auxquels on donne le nom de *baliveaux*.

---

(1) Ordonnance de Henri III , du mois de mai 1580.

(2) Ordonnance de Charles IX, des années 1563 et 1573 ; de Henri III, des années 1587 et 1588.

(3) Ordonnance de Francois Ier, du mois de juillet 1544, renouvelée par Charles IX, en 1572, et par Henri III, en 1587.

En 1575, il fut ordonné qu'une partie des bois domaniaux serait mise en *défends*, et dans plusieurs réformations l'on a en effet désigné certains triages pour croître en futaie ; mais il ne paraît pas que cette mesure ait jamais été exécutée d'une manière générale.

Quant aux baliveaux, que l'on appelle aussi *futaie sur taillis*, les plus anciennes ordonnances forestières veulent qu'il en soit établi dans toutes les coupes (1).

L'ordonnance de 1669 ne fait pas mention du nombre de baliveaux à réserver dans les taillis des forêts de la couronne ; elle prescrit (2) seulement une réserve uniforme de vingt baliveaux par hectare de futaie ; mais on est dans l'usage d'étendre aux forêts impériales les dispositions de cette ordonnance, qui veulent (3) qu'il soit réservé dans les bois communaux trente-deux baliveaux par hectare.

Tel est l'état de notre législation relative à l'aménagement des forêts impériales.

------

(1) Ordonnances de 1554, 1563, 1575, 1576 et 1585.

(2) Ordonnance de 1669, tit. XV, art. 11.

(3) *Ibid.*, tit. XXIV, art. 5.

Nous allons maintenant faire connaître la marche que doivent suivre les officiers forestiers pour aménager une forêt qui ne l'a point encore été, ou changer un aménagement reconnu vicieux.

Le projet doit être contenu dans un procès-verbal dressé par l'inspecteur forestier.

Ce procès-verbal est transmis au conseiller d'état directeur général, par le conservateur, qui y joint ses observations et son avis.

L'aménagement est ensuite fixé par un décret impérial, rendu sur le rapport du ministre des finances (1).

Le procès-verbal dont il vient d'être parlé ne doit pas seulement contenir le projet de l'aménagement, il doit renfermer tous les renseignemens qui peuvent éclairer le gouvernement et déterminer sa décision.

On peut diviser ce procès-verbal en trois parties ; la première présentera la statistique de la forêt ; la seconde, l'examen de l'aménagement actuel ; la troisième, le projet du nouvel aménagement à établir.

J'ai donné, à la suite de mon *Traité de*

____

(1) Circulaire du 14 floréal XII, n° 203.

l'Aménagement des Foréts (1), un *Plan ge-
néral de Statistique forestière*, que les officiers
forestiers peuvent consulter pour la rédaction
de la première partie d'un procès-verbal d'a-
ménagement ; il me suffira de rappeler que
cette partie doit donner une connaissance
exacte de la situation de la forêt, de la nature
de son sol, de ses limites, de sa contenance,
de sa nature, de son essence, des qualités des
bois qu'elle fournit, de son origine, des usages
et affectations auxquels elle peut être soumise,
de ses produits, de ses débouchés, des usines
qui l'avoisinent, de son état actuel, et des délits qui s'y commettent le plus ordinairement.

La seconde partie, qui a pour objet l'examen de l'aménagement que l'on propose de
changer, doit exposer en quoi consiste cet
aménagement ; à quelle époque, par quelle
autorité, et dans quelles circonstances il a été
fixé ; la manière dont il a été observé, et les
effets qui en sont résultés. Les vices qu'on lui
reprochera devront découler naturellement
des faits exposés dans la statistique.

La proposition du nouvel aménagement,

____

(1) Imprimé à Toulouse en 1807, réimprimé en
1811.

contenue dans la troisième partie du procès-verbal, ne doit être qu'une conséquence de ce qui précède.

Elle doit embrasser : 1º le mode d'exploitation, qui consiste, comme on l'a déjà dit, à couper à tire-aire ou en jardinant;

2º Le nombre d'arbres à couper chaque année, si le mode de jardinage est adopté : dans le cas contraire, l'âge auquel doivent être faites les exploitations par contenance, ou la division de la forêt en un nombre de coupes relatif à cet âge;

3º La désignation du triage ou du quartier qu'il convient de mettre en défends, s'il y a lieu; le nombre de baliveaux à réserver par hectare, et leur distribution.

Sur ces différentes matières, je ne pourrais que répéter ici ce que j'ai exposé dans le *Traité des Aménagemens* que j'ai cité plus haut, et auquel peuvent recourir les officiers forestiers.

Avant de terminer ce chapitre, j'observerai qu'il paraît convenable que les procès-verbaux portant projet d'aménagement présentent aussi des vues sur le mode à employer pour l'exploitation des baliveaux dépérissans. On sait que dans plusieurs arrondissemens forestiers, on les adjuge en même tems que le taillis, tandis que dans d'autres la vente ne s'en fait que l'année suivante.

Les partisans du premier mode disent que les baliveaux et les taillis étant vendus ensemble, la vidange ne dure qu'un an, et qu'il importe à la conservation et au succès des renaissances de prévenir une trop longue fréquentation d'adjudicataires, de bestiaux et de voitures dans les coupes.

Ceux qui veulent que les baliveaux dépérissans ne soient vendus qu'après l'exploitation des taillis, répondent, entr'autres choses, que c'est du bon choix des arbres à réserver que dépend l'approvisionnement de la marine et des chantiers destinés aux grandes constructions, et qu'il est impossible d'obtenir ces bons choix, s'il faut que la réserve soit marquée à travers un taillis dans lequel on pénètre à peine, et qui empêche par conséquent de tourner l'arbre et de juger de son état, de sa configuration, des ressources dont il peut être dans le moment actuel, et des espérances qu'il peut donner pour l'avenir.

L'administration, voulant établir, sur ce point, une marche uniforme dans tous les bois de l'Empire, fit d'abord un appel à l'expérience des conservateurs, avant de prendre une détermination (1). Les renseignemens qu'elle se procura ainsi la portèrent à penser qu'il y aurait de l'inconvénient à adopter un mode uniforme pour la vente et la coupe des baliveaux sur taillis; que ce qui conviendrait dans un arrondissement nuirait dans un autre : elle arrêta en conséquence que, jusqu'à nouvel ordre, l'usage établi dans chaque forêt serait suivi (2).

Cette mesure est marquée au coin de la sagesse qui caractérise toutes les opérations de l'administration. Dans les forêts épaisses, et où les réserves sont précieuses, le choix de la réserve est assez important pour le différer jusqu'après l'exploitation du taillis; mais il existe un grand nombre de forêts clair-semées, où l'on peut facilement examiner tous les arbres réservés dans les coupes précédentes, et où ils ont si peu de valeur, qu'il serait ridicule, pour en faire le choix, d'exposer le taillis renaissant à être endommagé par les charrettes et les bestiaux. Ce sont donc les circonstances particulières à chaque forêt qui doivent faire

____

(1) Circulaire du 28 frimaire an X, n° 58.

(2) Circulaire du 2 floréal an X, n° 87.

préférer l'un des modes dont il vient d'être parlé. Pour prévenir à ce sujet les effets de l'arbitraire et les erreurs d'une routine aveugle, il faudrait que le mode à employer dans chaque forêt fût fixé par l'aménagement ; en tout cas, l'officier forestier peut sans inconvénient présenter ses vues à ce sujet dans le procès-verbal dont nous venons de parler.

CHAPITRE IV.

Des Recépages.

RECÉPER un bois, c'est le couper près de terre pour lui faire pousser des jets nouveaux plus forts ou plus multipliés que les précédens.

Par cette opération, toute la force de la sève, dit M. de Buffon, se porte aux racines et en développe tous les germes ; elles poussent avec vigueur au-dehors la surabondance de leur nourriture, et produisent dès la première année un jet vigoureux et élevé.

Le recépage s'opère, 1° sur les bois abroutis ; 2° sur les bois abougris ; 3° sur les bois incendiés ; 4° dans certains cas sur les jeunes semis.

Lorsqu'un jeune taillis de chêne a été long-tems brouté par les bestiaux, il ne croît plus qu'à la manière des buissons ; le bois qu'il produit pourra acquérir de la grosseur, mais il ne fournira pas de pièces droites et élevées, si l'on n'y remédie par le recépage.

Il est bon de dire en passant que l'abroutis-
sement est moins funeste au hêtre ; cette essence
peut prospérer quoiqu'ayant été abroutie, sans
le secours du recépage.

Un taillis, dans sa première croissance, peut
être endommagé, soit par la gelée, soit par la
grêle, soit par les chenilles ; une mauvaise
coupe, surtout si elle a été faite en tems de
sève, peut aussi causer son abougrissement et
le condamner à une végétation lente et défec-
tueuse ; dans tous ces cas, il est très-intéressant
de régénérer ce taillis par le recépage.

Il en est de même des bois incendiés, à
l'exception des taillis de chêne, qui, pour avoir
été brûlés, n'en poussent pas avec moins de
vigueur.

Quant aux semis, si l'on s'aperçoit, dit M. de
Buffon, que les jeunes arbres commencent à
croître de moins en moins, il faut les faire
couper jusqu'à terre, et dès la première année
ils produiront un jet plus vigoureux et plus
élevé que ne l'était l'ancienne tige.

Le recépage se fait de deux manières ; l'une
consiste à tout abattre sans rien réserver : on
l'appelle *recépage à blanc-étre* ou *blanc-étoc* ;
l'autre, que l'on peut appeler *recépage ordinaire*, diffère de la première en ce qu'on ré-

serve les brins les plus sains et les mieux venans (1).

Il se trouve dans les forêts des parties à recéper, mais dont la valeur excède les frais de
l'exploitation ; dans ce cas, l'adjudication s'en
fait aux enchères. Si, au contraire, le bois à
recéper ne vaut pas les frais qu'entraîne cette
opération, on y pourvoit par voie d'adjudication au rabais.

Lorsque les quartiers de bois à recéper ne
doivent pas faire partie des ventes dont le tour
d'exploitation est prochain, les officiers forestiers en dressent un procès-verbal (2) qui doit
indiquer, 1° la situation, la contenance, l'essence, la nature, l'âge et l'état du quartier
dégradé qu'il s'agit de recéper ; 2° les causes
de son appauvrissement ; 3° la manière dont
le recépage proposé doit être exécuté ; 4° l'estimation de ses produits présumés, distraction
faite des frais d'exploitation ; 5° le mode à
employer pour parvenir à l'adjudication.

---

(1) Réglement du 2 octobre 1584, pour les forêts de
Rouvray.

(2) Circulaire du 4 fructidor an XIII, n° 25.

Ce procès-verbal est envoyé au conservateur, qui le transmet, avec ses observations et son avis, au conseiller d'état directeur général de l'administration. Ce magistrat provoque ensuite, s'il y a lieu, un décret impérial pour autoriser l'opération.

CHAPITRE V.

Du repeuplement des Clairières et des Places vaines et vagues.

On donne le nom générique de *clairières* aux parties des forêts qui sont dégarnies de bois, ou dans lesquelles il est clair-semé.

Lorsque les clairières sont absolument sans productions forestières, elles prennent le nom de *places vides*.

On appelle *vaines et vagues* les places vides d'une grande étendue, qui se trouvent soit dans l'enceinte, soit aux reins des forêts.

L'ordonnance de 1669 (1) enjoignait aux grands-maîtres de faire mention dans leurs procès-verbaux de toutes les places vides qu'ils trouveraient dans l'enclos et aux reins des forêts, pour, sur leur avis, être pourvu au repeuplement de ces terrains.

______

(1) Titre XXVII, art. 3.

8.

Les conservateurs sont dans la même obligation (1); déjà ils ont dû fournir à l'administration des états des vides existans dans les forêts de leurs divisions respectives, conformes au modèle qui leur a été donné; mais indépendamment de cet état, ils doivent faire dresser, par les officiers forestiers, des procès-verbaux circonstanciés des améliorations à exécuter dans les forêts qui leur sont confiées, s'arrêtant d'abord à celles qui, avoisinant des grandes communes (2), présentent plus de facilité pour le débit (3).

Ces procès-verbaux font d'abord mention du nom de la forêt à améliorer, de sa situation, de son étendue (4), de sa nature, de son essence, de son état, de son aménagement et de la valeur de ses produits ordinaires; ils doivent ensuite donner connaissance :

1° De la situation et de la nature des clairières;

---

(1) Instruction du 7 prairial an IX, art. 9.

(2) *Ibid.*

(3) *Ibid.*, art. 38.

(4) Circulaire du 28 brumaire an IV, n° 119.

2° Des causes qui ont occasionné leur état ;

3° Du choix et du mélange des espèces d'arbres qu'il convient d'y semer ou planter ;

4° Des procédés agricoles au moyen desquels il peut y être pourvu ;

5° Des circonstances favorables à l'opération ;

6° Des moyens d'exécution.

Nous allons parler successivement de ces différens objets, et poser les principes qui doivent diriger les officiers forestiers chargés de s'en occuper.

Situation et nature des Clairières.

La culture des forêts comme celle de tous les autres genres de productions, devant être dirigée d'après les circonstances du sol, la première chose à observer est la nature du terrain sur lequel on doit opérer ; le climat sous lequel il est situé, l'air de vent auquel il est exposé, la qualité des terres qui le composent, déterminent le choix des plantes qu'il convient de lui confier, et le genre de culture auquel elles doivent être soumises.

Causes qui ont occasionné leur état.

Si les eaux sont stagnantes dans le terrain à repeupler, il faut avant tout y pratiquer des fossés ou rigoles d'écoulement; sans cette précaution, on ne parviendrait pas à y faire croître des arbres forestiers de bonne espèce.

Si les clairières ont été occasionnées par les arrachis faits par les délinquans ou par quelque cause que ce soit, qui ait détruit les anciennes essences, il est essentiel de les remplacer par des essences différentes, qui soient cependant analogues au terrain, parce qu'il est reconnu qu'un arbre ne prospère point lorsqu'il est planté dans le lieu qui a nourri un arbre d'une autre espèce.

Choix et mélange des espèces qu'il convient de semer ou planter.

Semer une forêt, c'est imiter une opération de la nature; il faut donc la consulter et observer ses procédés avant de rien entreprendre.

On tenterait en vain de planter ou semer de grands végétaux sur les hautes montagnes;

la nature a cessé d'en placer au-delà d'environ 2000 mètres au-dessus du niveau de la mer. Les arbrisseaux tels que le *rhododendron* et surtout le génévrier , ont seuls le privilége de braver l'intempérie des lieux plus élevés. Sous la zone inférieure, à 2000 mètres, les mélèzes, les pins et les sapins semblent protéger les forêts de hêtres qui croissent à leurs pieds ; celles - ci s'appuient sur les forêts de chênes que produisent les pentes inférieures et les vallons.

Dans les pays de plaine, le chêne aime à enfoncer sa racine pivotante dans les terres fortes et profondes ; tandis que les semences de hêtre, de pin, de sapin, de mélèze, ne peuvent pousser leurs enveloppes au - dessus des germes naissans , si le terrain n'est léger et facile à diviser. Les arbres résineux , dont la sève huileuse n'est point sujette à se gonfler , bravent la rigueur du froid , et se plaisent à l'exposition du nord. Le bouleau, le faux accacia, le peuplier blanc , ne craignent point les terrains un peu secs, tandis que les aunes et les saules sont relégués dans les terrains aquatiques et les marais. Les frênes, les ormes, la nombreuse famille des peupliers se disputent les terrains frais ; l'érable et le bois de Sainte-Lucie affectent les terres argileuses et tenaces des pays tempérés ; tandis que le châtaignier habite exclusivement les sols sablonneux non calcaires.

Cette disposition spontanée des diverses essences, est la règle que le cultivateur ne doit jamais perdre de vue ; mais la nature lui donne une leçon plus facile encore à saisir : l'essence qui s'est établie sans culture sur les terrains voisins, est à coup sûr celle qui convient le plus au sol que l'on destine à semer ou planter.

La nature n'a point destiné chaque terrain à nourrir exclusivement une espèce de végétaux ; des semences de différens arbres répandues sur les terres incultes, y ont été transportées par les vents ou par les oiseaux, et le sol s'est enrichi de la végétation de toutes les espèces qui pouvaient vivre ensemble. Les plantes dont les racines traçantes prennent leur nourriture à la superficie de la terre, se sont partagé l'empire de plusieurs forêts, avec celles dont les racines pivotantes vont chercher leur substance dans les entrailles de la terre ; c'est ainsi que le chêne se rencontre communément sur la pente des montagnes, avec le hêtre et le noisetier, tandis qu'il craint le voisinage des pins et des sapins.

Les arbres, dont la végétation est plus active, ont étouffé celles qui croissaient lentement à leurs pieds. On voit rarement le frêne, le cyprès, le noyer, s'associer avec le châtaignier, le bouleau et le cerisier.

Le cultivateur forestier devant toujours prendre la nature pour guide, ne tentera donc de faire vivre ensemble que les familles d'arbres qu'il voit s'accorder et prospérer dans le canton où il doit faire son entreprise. Les besoins du pays achèveront ensuite de déterminer son choix.

Au reste, les plus mauvais terrains, pourvu qu'il y croisse de l'herbe, sont susceptibles de donner des productions forestières ; mais il est prudent de ne pas y faire beaucoup de dépenses, et d'y jeter pêle-mêle des graines de génévrier, de bois de Sainte - Lucie, d'aubépine, de prunelier, de sureau, de sumach de Virginie, avec des graines d'arbres de toute espèce ; réussira ce qui pourra.

Procédés agricoles à mettre en usage.

Le terrain est garni d'une certaine quantité d'arbres trop clair-semés, ou il est absolument déboisé.

Dans le premier cas, différens moyens se présentent pour opérer le repeuplement. Les boutures réussissent communément pour les saules et les peupliers, ainsi que pour les arbrisseaux.

Les rejettons présentent aussi un moyen simple et prompt de multiplier la plupart des arbres communs et de petite stature.

Les branches couchées, *marcottes* ou *provins*, peuvent être employées avec quelques succès (1); mais il en provient rarement de beaux arbres, ils pèchent ordinairement par les racines qui restent petites, rares et souvent placées du même côté.

Les jeunes arbres tirés des pépinières, peuvent être aussi plantés dans des vides peu considérables; c'est pourquoi il est recommandé aux conservateurs de faire choix dans la forêt la plus centrale de leur arrondissement, d'un terrain propre à l'établissement d'une pépinière d'arbres indigènes et exotiques pour

---

(1) L'emploi des couchages ou provins est recommandé, et la manière de les faire est indiquée dans la circulaire du 4 fructidor an XIII, n° 25.

servir aux plantations (1). A défaut de pépinières, on peut extirper les jeunes arbres des forêts, quoiqu'ils réussissent plus difficilement.

Enfin, la manière la plus facile de regarnir les clairières, consiste à employer les glands, faînes et autres graines forestières, que l'on enfouit, en levant d'intervalles à autres de petites mottes de gazon, dont on recouvre les graines destinées au repeuplement.

Dans le second cas, c'est-à-dire, lorsqu'une clairière de grande étendue est absolument déboisée, on pourrait y faire une plantation générale; mais ce mode de repeuplement est très-coûteux; on doit lui préférer l'ensemencement, quoiqu'il procure une jouissance plus tardive.

Le succès des semis dépend en grande partie de la préparation du terrain destiné à les recevoir. Cette préparation doit être analogue à la qualité du sol et à la nature des semences.

En vain semerait-on du gland dans une terre forte, profonde et compacte, si, pour l'ameublir, plusieurs labours successifs n'eus-

____

(1) Instruction du 7 prairial an IX, art. 41.

sent été faits en saisons convenables; quelquefois même, faut-il qu'ils soient précédés d'un travail à la houe, pour combler les trous et aplanir les inégalités qui s'opposeraient au passage de la charrue.

On sent bien que ces travaux et les dépenses qu'ils occasionnent, ne sont point nécessaires dans les terrains usurpés sur les forêts, qui viennent d'être défrichés et cultivés par les riverains. Il suffit alors de répandre les graines à la surface du sol et de les recouvrir par un léger labour.

Il peut cependant être nécessaire, dans ce cas, d'ouvrir la terre à la charrue, et de couvrir ensuite les glands qui ont été répandus par un second labour ou par un simple émottage.

Ce dernier procédé suffit aussi quelquefois dans les terrains légers que l'on cultive pour la première fois.

Dans les terrains de bonne qualité, et qui ont reçu une culture suffisante, il convient de faire une demi-semence d'avoine avec les glands; mais il ne faut, en la recueillant, couper le chaume qu'à la moitié de la hauteur ordinaire. Ce procédé indemnise en parti des frais d'ensemencement; il procure un abri salutaire aux jeunes plantes, il prévient la naissance des mauvaises herbes qui, la plupart, sont vivaces et font beaucoup plus de tort aux jeunes chênes que l'avoine.

Plusieurs semences, telles que celles du hêtre, qui poussent leurs enveloppes à la surface du terrain, ne doivent être recouvertes que d'un pouce ou un pouce et demi de terre; la charrue les enfouirait trop profondément : il suffit donc de passer la herse, le rouleau ou les fagots d'épines sur le terrain ensemencé, ou bien de l'émotter légèrement au rateau.

Quant aux semences de bouleau, de pin et de sapin, elles n'ont presque pas besoin d'être recouvertes; il suffit de gratter un peu la surface du terrain au moyen d'une herse traînée en sens opposé à sa direction ordinaire et non cependant sur le dos.

Quelles que soient les graines que l'on confie à la terre, il importe de les semer fort rapprochées, lorsque la nature de la terre le permet, afin de pouvoir extraire les plantes surabondantes pour les plantations des années suivantes (1).

____

(1) Lettre de M. le conseiller d'état directeur général de l'administration, du 18 novembre 1807, n° 4945.

Les semis que l'on veut faire sur le sommet et les pentes rapides des montagnes, donnent lieu à des combinaisons particulières ; ils doivent être dirigés de manière à ne pas détruire la totalité du gazon qui tapisse la surface du terrain. Si la terre était généralement ameublie, elle se trouverait trop exposée à être entraînée par les eaux, et il en résulterait les plus grands inconvéniens, dont le moindre serait la perte du travail et de la dépense à laquelle aurait donné lieu l'ensemencement.

Pour obvier à ces inconvéniens, on opère de la manière suivante :

1º On fait ouvrir au sommet de la pente de la montagne et sur une ligne parfaitement horizontale, une petite tranchée de 54 à 81 millimètres (2 à 3 pouces) de profondeur, suivant l'épaisseur de la couche de terre, et de 108 millimètres (4 à 6 pouces) de largeur. On range les gazons, les pierres et la terre qui en proviennent, sur le bord de la tranchée, du côté de la pente de la montagne, de manière que cette tranchée acquière, par cette addition, une profondeur presque double, et que ses bords inférieurs et supérieurs se trouvent de niveau.

2º Cette première opération faite, on ouvre

de pareilles tranchées parallèlement sur toute la pente de la montagne et distantes les unes des autres d'un mètre 299 à 624 millimètres (4 à 5 pieds), suivant le plus ou le moins de rapidité de la pente.

3° On laboure le fond de ces petites tranchées et l'on y répand des semences de pin, de sapin, de mélèze, de bouleau, de chêne ou autres, selon la nature du terrain et son exposition; on mêle à ces graines, lorsqu'il est possible, des semences d'ajonc épineux, ou de genêt, pour protéger, par leur ombre, les semis contre l'ardeur du soleil et la rigueur du froid, et pour opposer un obstacle de plus, par leurs racines, aux abats d'eaux qu'occasionnent les grandes pluies et la fonte des neiges.

Les tranchées se remplissent insensiblement des débris des végétaux et des terres que les pluies entraînent vers le penchant de la montagne. Les intervalles d'une tranchée à l'autre se gazonnent et se raffermissent. Les eaux des pluies retenues par les sillons, imbibent la terre, et les jeunes plants trouvent l'engrais et l'humidité nécessaire à leur développement.

Il est encore une autre méthode que l'on

soit dans quelques pays, pour faire des semis sur des pentes rapides : elle consiste à faire des trous pour y jeter les semences, sans labourer le reste du terrain. Elle est bonne sous le rapport de la germination et de la croissance des arbres, mais elle ne remédie pas à la dérivation trop rapide des eaux ; les arbres d'un pareil semis ne se prêtent point, comme dans la méthode précédente, un appui mutuel contre les vents, et par leur ombre, contre l'ardeur du soleil ; cependant cette méthode peut être employée comme plus économique dans les pentes encore couvertes de gazon, en observant de disposer les trous en échiquier, et d'amasser sur le bord de chacun, du côté de la pente de la montagne, les gazons et pierres sortis de l'excavation (1).

Circonstances favorables aux Semis.

C'est surtout dans les années d'abondance qu'il faut se livrer aux opérations de l'ensemencement ; outre que les graines s'achètent alors à meilleur compte, on a remarqué qu'elles sont plus saines et réussissaient mieux.

---

(1) Circulaire du 4 novembre 1807, n° 366.

D'ailleurs, les sangliers, les oiseaux et les mulots, trouvant à se nourrir partout ailleurs, ne font pas, dans les semis, autant de ravages.

Les officiers des forêts doivent donc, particulièrement dans les années d'abondance, recommander aux gardes d'amasser la plus grande quantité de glands et de faînes qu'il est possible ; ils sont aussi autorisés à faire faire cette sorte de récolte par d'autres personnes, à qui on abandonne une partie de la récolte pour salaire, ou à en régler économiquement les frais, dont l'état est envoyé à l'administration pour y être pourvu (1).

Lorsque les glands et les faînes ne peuvent être tous employés en semis à demeure, ou à former des pépinières, dans l'année où ils ont été amassés, on les conserve jusqu'au printems suivant, soit en les stratifiant avec du sable, soit en les étendant dans des lieux aérés et en les remuant de tems en tems, soit enfin en les enterrant dans des fossés pratiqués à 2 mètres de profondeur, dans des lieux secs. Il faut que les fonds et les côtés de ces fossés

____

(1) Circulaire du 18 septembre 1807, n° 359.—Autre circulaire du 29 août 1811, n° 452.

<table><tr><td>1.</td><td>9</td></tr></table>

soient garnis de paille ; on y met alternati-
vement une couche de glands ou de faînes
et une couche de paille ; on recouvre ensuite
le tout de planches et de terre pour préserver
les semences de la gelée (1).

Il est encore un autre procédé qui est peu
connu, et qui cependant paraît préférable
dans beaucoup de cas. Il consiste à faire sé-
cher un peu les glands en les étendant à l'air,
et les remuant pendant quelques jours, et à
les déposer ensuite par tas dans un jardin
ou tout autre endroit clos, et à l'abri des ani-
maux qui recherchent ces fruits. On choisit
une place qui ne soit point humide ; on la
recouvre de feuilles sèches à la hauteur d'un
pied, et on place dessus une pyramide de
glands, haute de trois pieds ; on recouvre
ce tas d'un pied de feuilles sèches, ensuite
d'un demi-pied de mousse également sèche,
puis d'un demi-pied de longue paille, et enfin
on place sur la pyramide un chapeau de
paille semblable à celui dont on recouvre les

____

(1) Lettre de M. le conseiller d'état directeur général de l'administration, du 18 novembre 1807,
n° 4945.

meules de grains dans les campagnes. Au commencement du printems, on découvre les glands pour les semer. Il serait dangereux de trop attendre, parce que la température devenant plus chaude, leur ferait pousser des racines qui les épuiseraient. Néanmoins lorsque les germes ne sont pas trop longs, on emploie les glands avec succès (1).

Les jeunes semis sont très-exposés à être ravagés par les troupeaux ; la manière la plus simple de les en éloigner serait sans doute d'entourer de fossés les terrains ensemencés ; mais c'est un moyen dispendieux auquel on ne doit recourir que lorsque la nécessité en est bien reconnue. On évite cette dépense en profitant, pour ensemencer ou repiquer une clairière, du moment où la partie de forêt qui la renferme se trouve comprise dans l'exploitation de l'année. Alors le jeune semis se trouve aussi en sûreté que la coupe, sur laquelle il est du devoir des gardes d'exercer une surveillance particulière et journalière.

Nous terminerons ici ce simple exposé des principes qui doivent guider les officiers forestiers dans les semis et plantations qu'ils sont

____

(1) Circulaire du 29 août 1811, n° 452.

chargés de faire exécuter. Ceux qui voudront approfondir l'étude de cette partie de l'économie rurale, peuvent consulter, entr'autres ouvrages, le *Traité des Semis et des Plantations de Duhamel*; les 11e, 12e, 13e et 14e *Mémoires du Supplément à l'Histoire naturelle de M. de Buffon*; l'*Instruction sur la Culture des Bois à l'usage des Forestiers*, par G. L. Hartig; la deuxième partie du *Traité de l'Aménagement des Bois et Forêts*, par Perthuis; le *Traité complet sur les Pépinières*, par Étienne Calvel; le *Manuel-Pratique des Plantations*, par le même auteur; le *Traité des Arbres résineux conifères*, par le baron de Tschudi; le *Traité de la Culture du Chêne*, par M. Juge de Saint-Martin; la *Lettre* de M. François (de Neufchâteau) sur le *Robinier ou Faux Accacia*.

Moyens d'exécution.

Si les clairières sont d'une petite contenance, les gardes doivent être chargés de leur repeuplement (1). Il est de leur intérêt comme

(1) Instruction du 7 prairial an IX, art. 15. — Circulaires des 12 germinal an X, n° 80; 27 ventose an XI, n° 135; 7 messidor an XII, n° 216; 1er brumaire an XIII, n° 242.

de leur devoir, de se livrer avec zèle à ce
genre de travail, qui ne les distrait pas sensiblement de leurs obligations ordinaires. Ils
acquièrent ainsi des droits à leur avance-
ment (1) et aux gratifications que l'administration distribue chaque année à ses préposés.
D'ailleurs, l'agent forestier, qu'anime une no-
ble émulation, peut obtenir une des médailles
d'or que quelques sociétés d'agriculture, notamment celle du département de la Seine,
adjugent, chaque année, aux officiers et employés de l'administration, qui se sont le plus
distingués dans cette partie de leurs obligations (2).

Un bon garde, dans la saison des semis,
ne parcourt son triage qu'avec le havresac
ou les poches pleines de graines forestières;
il les jette à la volée, dans les coupes à exploiter l'année suivante, lorsqu'elles sont clair-
semées (3); ou bien, muni d'un instrument
tranchant propre à lever le gazon, il en garnit
les clairières. Dans quelques arrondissemens,
les gardes se servent avec succès d'une sorte

----

(1) Instruction du 7 prairial an IX, art. 15.
(2) Circulaire du 29 avril 1809, n° 393.
(3) Circulaire du 29 août 1811, n° 452.

d'éperon terminé par un tranchant. Ils l'at-
tachent au talon droit comme une sandale,
l'affermissent au moyen de la courroie qu'ils
passent sur le coude - pied en l'arrêtant avec
la boucle, comme on attache un éperon. La
machine ainsi arrêtée, ne gêne et ne blesse
point ; ensuite, sans quitter cette arme et leurs
sacs, ils se mettent à une extrémité de la
place à ensemencer, et prenant un point de
vue vers l'autre extrémité, levant ensuite le
pied droit et le laissant tomber en appuyant
sur le talon, ils font avec le tranchant ayant
la forme d'une houe, une incision à la terre,
suivant le degré de force qu'ils y ont employé ;
s'appuyant ensuite sur l'avant-pied et levant
le talon, ils enlèvent la terre et font un trou
de plusieurs centimètres de profondeur, dans
lequel ils jettent un ou deux glands, faînes ou
châtaignes, etc., qu'ils recouvrent d'un léger
coup de pied, avec la terre tirée du trou.
Partant ensuite du pied gauche, ils font un
pas de la longueur d'un mètre environ, et
répètent successivement la même opération.
Arrivés au bout, ils prennent à droite ou à
gauche, font un pas en avant et reviennent
à distance égale vers l'extrémité d'où ils sont
partis, et continuent ainsi jusqu'à ce qu'ils

aient épuisé leur provision de semence. Si la place n'est pas totalement semée, ils répètent, le jour ou le lendemain, la même opération, jusqu'à ce que le terrain soit suffisamment garni (1).

Quant aux travaux de repeuplement qui sont jugés trop considérables pour être mis à la charge des gardes, on y pourvoit, ou par voie de *concession*, ou par voie d'*adjudication*, ou par voie de *soumission*.

La *concession* consiste à abandonner la jouissance d'un terrain gratuite et franche de toutes impositions foncières (2), pendant un nombre d'années déterminé, à la charge par le concessionnaire de le représenter à la fin du bail, cultivé et ensemencé des graines qui lui ont été désignées.

Le nombre d'années doit être fixé d'après la qualité du terrain, les difficultés du défrichement et les avantages de la jouissance.

Le terrain à concéder est d'abord mesuré par un arpenteur forestier; il doit en être levé un plan qui est remis en double, l'un au con-

---

(1) Circulaire du 1er brumaire an XIII, n° 242.

(2) Circulaire du 21 juillet 1810, n° 419.

servateur, l'autre à l'inspecteur; le tout aux dépens des preneurs, qui doivent aussi supporter les frais du timbre et de l'enregistrement.

Ces préalables remplis, l'inspecteur de l'arrondissement reçoit provisoirement, et sous valable caution, la soumission des entrepreneurs, après s'être assuré de leur solvabilité et de leur intelligence. Dans cette soumission doivent être spécifiées toutes les conditions de la concession, telles que l'entourage du terrain par des haies ou fossés, si cette précaution a été jugée nécessaire, l'obligation de répondre du semis pendant un tems déterminé après l'expiration du bail et la réception des ouvrages (1).

La soumission, ainsi acceptée provisoirement, est transmise au conservateur, qui l'adresse, avec ses observations et son avis, à M. le conseiller d'état directeur général. Ce magistrat l'autorise ou la fait autoriser, s'il y a lieu.

Lorsque personne ne se présente pour obtenir ces sortes de concessions, l'administration a recours à l'adjudication au rabais, sur

______

(1) Circulaire du 4 fructidor an XIII, n° 25. — Circulaire du 22 octobre 1806, n° 343.

une mise à prix d'une somme déterminée par hectare (1).

L'adjudication doit être précédée des mêmes préalables qui viennent d'être indiqués à l'égard des concessions ; et le cahier des charges doit aussi préciser les obligations de l'adjudicataire pour le genre de culture, la nature des graines à ensemencer, le mode d'ensemencement, la garantie des semis, le cautionnement à fournir, les époques des paiemens à faire, et les conditions sous lesquelles ils seront autorisés (2).

Quant à l'établissement des pépinières, il peut y être pourvu de deux manières : la première consiste à confier la préparation du terrain aux soins intéressés d'un bon cultivateur. Si ce terrain présente une certaine étendue, comme de trois hectares, par exemple, il doit être convenu avec lui de le diviser en trois sections égales, d'un hectare chacune, pour être cultivées, par lui et à son profit en totalité, sous la condition, 1º de livrer chacune de ces sections ensemencées des graines qui lui seront

---

(1) Lettre de M. le conseiller d'état directeur général de l'administration, du 18 novembre 1807, n° 4945.

(2) Circulaire du 28 brumaire an XI, n° 119.

livrées ou qu'il lui sera permis de recueillir à ses frais dans les forêts, la première section à la troisième année, la deuxième à la quatrième année, et l'autre en l'année suivante; 2° de donner les façons nécessaires à cet ensemencement; 3° de borner et d'entourer de bons fossés garnis de plants vifs d'épines, la totalité de la pépinière; 4° de renouveler ces pépinières tous les trois ans, tems ordinairement fixé pour que le plant puisse servir aux plantations (1).

La seconde manière de se procurer une pépinière forestière consiste à la donner à l'entreprise à prix d'argent par voie de *soumission*.

L'administration a fait imprimer et distribuer à ses préposés, au mois de ventose an 11, le cahier des charges et le modèle de soumission relatifs à ce genre d'amélioration. Nous nous dispenserons de faire connaître le contenu de cette instruction, vu qu'elle est d'une certaine étendue, et qu'elle se trouve entre les mains de tous les officiers forestiers.

Soit que les travaux d'amélioration puissent être exécutés par voie de concession, d'adjudication ou de soumission, ils doivent être

____

(1) Circulaire du 4 fructidor an IX, n° 25.

préalablement autorisés par le gouvernement, sur le vu des procès-verbaux dont il a été parlé plus haut, et d'après l'avis des officiers supérieurs (1).

Les conservateurs doivent former dans leurs bureaux, et tenir au courant, un sommier de toutes les concessions à tems , adjudications et soumissions faites ou reçues pour les semis et plantations (2), et en envoyer un extrait à l'administration (3).

Ils doivent veiller à l'exécution de toutes les obligations imposées aux concessionnaires , adjudicataires et soumissionnaires; faire constater chaque année l'état des travaux par des procès-verbaux dont les doubles sont envoyés à l'administration (4).

Ils doivent enfin envoyer, chaque année, à l'administration un état conforme au modèle numéro XI, de tous les défrichemens, ense-

---

(1) Ordonnance de 1669 , tit. XXVII , art. 3. — Edit du mois de mai 1716 , art. 58. — Décision de S. Exc. le ministre des finances, rapportée dans la circulaire du 28 mai 1806, n° 319.

(2) Circulaire du 28 octobre 1806 , n° 343.

(3) Circulaire du 23 juin 1809 , n° 396.

(4) Circulaire du 22 octobre 1806 , n° 343.

mencemens et autres genres d'améliorations(1).

Ces états doivent comprendre les opérations faites depuis le 1er octobre d'une année jusqu'à pareille époque de l'année suivante (2).

---

(1) Circulaires des 27 ventose an XI, n° 135 ; — 7 messidor an XII, n° 216 ; —22 octobre 1806, n° 343 ; — 4 novembre 1809 , n° 408.

(2) Circulaires des 17 décembre 1806 , n° 343 ; et 10 janvier 1809 , n° 385.

CHAPITRE VI.

Des Coupes ordinaires et extraordinaires.

LES forestiers appellent *coupe* ou *vente* une certaine quantité de bois destinée à être exploitée dans une forêt.

On donne aussi le même nom au lieu sur lequel se fait l'exploitation, et aux taillis qui y renaissent.

C'est sous la première acception que nous allons d'abord considérer le mot *coupe*.

On distingue les coupes en ordinaires et extraordinaires.

Les premières sont celles dont l'exploitation est fixée par les aménagemens ou par l'ordre établi dans les bois (1).

Les coupes extraordinaires sont celles qui sont déterminées par les circonstances du mo-

---

(1) Circulaire du 22 ventose an X, n° 73.

ment, telles qu'un besoin urgent ou le mauvais état d'un bois.

Aucune coupe, de quelque nature qu'elle soit, ne peut avoir lieu sans avoir été autorisée dans les formes dont il sera parlé plus bas.

Coupes ordinaires.

Les officiers forestiers présentent, chaque année, au conservateur, les projets ou états des coupes de l'ordinaire subséquent; celui-ci les examine et en forme un état général conforme au modèle numéro XII, qu'il envoie, en double signé de lui, au conseiller d'état directeur général de l'administration (1).

Cet état doit être formé en un seul cahier, et envoyé à l'administration avant le 1er mai de chaque année (2).

Dans la colonne d'observations de cet état, on doit dire si les coupes sont annuelles, et, dans le cas de la négative, quelle est l'année où a été assise la précédente coupe. Si quelque

---

(1) Instruction du 7 prairial an IX, § 1, art. 2. — Circulaire du 22 ventose an X, n° 73.

(2) Circulaire du 19 pluviose an XIII, n° 254. — Autre circulaire du 28 janvier 1806, n° 305.

triage de la forêt est soumis à un aménagement particulier, on doit aussi le faire connaître, ainsi que la contenance de ce triage. On doit enfin indiquer, pour les forêts provenant du clergé, si elles contiennent un quart de réserve (1).

Les coupes qui se délivrent en nature, soit en vertu d'un bail, soit à titre d'affouage, à des usines seulement, doivent être portées dans l'état général dont il vient d'être parlé, mais séparément, et à la fin de chaque inspection (2).

Lorsque l'état général des coupes ordinaires a été autorisé et renvoyé par le conseiller d'état directeur général de l'administration au conservateur, celui-ci en adresse, avant le 1er juin, un extrait certifié à chaque inspecteur de la division, pour être ensuite procédé comme on le verra plus bas (3).

Coupes extraordinaires.

Aucune coupe extraordinaire, soit qu'elle ait pour objet l'exploitation d'un quart de ré-

____

(1) Circulaire du 28 janvier 1806, n° 305.

(2) *Ibid.*

(3) Ordonnance de 1669, tit. **XV**, art. 5.

serve, ou toute autre partie de bois non comprise dans les coupes annuelles, ne peut avoir
lieu qu'en vertu d'un décret impérial.

Pour obtenir ce décret, le conservateur fait
dresser, par les officiers forestiers qui lui sont
subordonnés, un procès-verbal qui constate la
nature, l'essence, l'âge et l'état de la partie de
bois à exploiter, les motifs qui doivent en déterminer la coupe, et le nombre de réserves
qu'il convient d'y établir. Ce procès-verbal est
adressé, par le conservateur, qui y joint son
avis, au conseiller d'état directeur général de
l'administration (1).

Ce magistrat reçoit aussi, avant le 1er mai de
chaque année, un état particulier des coupes
extraordinaires (2).

Cet état doit distinguer les coupes qui ont
déjà été autorisées, de celles dont on sollicite
l'autorisation, et à raison desquelles on joint
les procès-verbaux dont il vient d'être parlé.

Les états des coupes, soit ordinaires, soit

____

(1) Instruction du 7 prairial an IX, § I, art. 4.

(2) Circulaire du 22 ventose an X, n° 73. — Autre
circulaire du 28 janvier 1806, n° 305.

extraordinaires, doivent distinguer celles dans lesquelles on vend en même tems le taillis et la futaie dépérissante, de celles où l'on est dans l'usage de les adjuger séparément (1).

____

(1) Circulaire du 22 ventose an X, n° 73.

CHAPITRE VII.

Des opérations qui doivent précéder la vente des Coupes.

Avant de procéder à la vente d'une coupe, il est nécessaire d'en déterminer la position et la contenance, de désigner les arbres qui doivent y être réservés, ainsi que ceux qui ont une destination particulière; il n'est pas moins nécessaire que la valeur du bois soit connue de ceux qui sont chargés de procéder à la vente; que le public soit instruit du lieu et de l'instant où s'effectuera cette vente, et des conditions auxquelles elle sera faite.

Tous ces préalables donnent lieu à une opération que l'on appelle *assiette*, à l'arpentage de la coupe, au balivage et au martelage, à la marque des arbres de marine et d'artillerie, à l'estimation de la coupe, à la formation d'un cahier de charges, et aux affiches et publications.

Nous allons successivement parler de ces diverses opérations.

Assiette des Coupes.

L'assiette des coupes n'est autre chose que
la désignation de l'endroit de la forêt où la
coupe doit être faite.

Les ordonnances de Charles V, de Charles VI
et de François Ier enjoignaient aux officiers des
maîtrises de visiter chaque forêt pour reconnaître le lieu où il était le plus convenable d'asseoir la coupe. Cette mesure, trop vaguement
prescrite, a fait pendant plus d'un demi-siècle
une des principales causes du désordre qui
régnait dans l'exploitation des forêts. Les officiers, guidés par l'intérêt qu'ils avaient dans le
produit des ventes, choisissaient souvent dans
les forêts les parties les plus garnies et les mieux
venantes, lors même qu'elles étaient très-éloi-
gnées des coupes précédentes. Un tel abus,
dont il est aisé d'apercevoir les effets désastreux,
fut réprimé en 1573 , par l'ordonnance de
Charles IX, qui voulut que l'on commençât à
couper les bois les plus anciens ou les plus
ruinés.

Ces ordonnances sont maintenant inutiles

pour les forêts aménagées, attendu qu'il ne s'agit que d'observer l'ordre des coupes indiqué tant dans les procès-verbaux d'aménagement que sur les plans qui y sont annexés.

Cependant il ne faut pas perdre de vue le principe qu'elles consacrent, et l'on doit s'y conformer dans tous les cas où, soit à défaut d'un aménagement établi, soit à raison de son inexécution, les officiers sont libres de choisir les parties des forêts à mettre en vente.

C'est à l'officier supérieur, dans chaque arrondissement, à en faire la désignation. En conséquence, il marque de son marteau un arbre qui doit servir de point de départ à l'arpenteur pour le mesurage (1), et en dresse un procès-verbal conforme au modèle N° XIII. Cet arbre doit être, autant que possible, un des pieds corniers de l'ancienne vente (2).

L'officier qui préside à l'assiette indique ensuite à l'arpenteur présent la forme en laquelle la coupe doit être mesurée (3).

----

(1) Instruction du 7 prairial an IX , § I , art. 2.
(2) Ordonnance de 1669, tit. XV , art. 6.
(3) *Ibid.*, art. 4.

Arpentage et Limites des Coupes.

Le mesurage des coupes doit précéder les adjudications (1). Il doit y être procédé en présence des officiers forestiers et des gardes de chaque triage (2), par l'arpenteur de l'arrondissement, auquel il a dû être remis un extrait de l'état des coupes à asseoir, pour le fixer sur la quantité d'arpens à vendre dans chaque forêt.

L'arpenteur ne peut mesurer plus grande ni moindre quantité, dans chaque triage, que celle portée dans cet état, sous le prétexte de rendre la figure plus régulière, ou pour quelqu'autre considération que ce puisse être, en sorte que le plus ou le moins ne puisse excéder un arpent sur vingt (3).

La loi inflige des peines aux arpenteurs qui contreviennent à cette disposition, ainsi qu'à quelques autres articles de l'ordonnance : j'en

______

(1) Ordonnance de Philippe-le-Long, de 1318, art. 9, et de Charles IX, de 1573.

(2) Ordonnances de François 1er, du mois de mars 1516, art. 3, et de 1518, aussi art. 3.

(3) Ordonnance de 1669, tit. XV, art. 10.

ai fait mention dans le *Traité des Délits, des Peines et des Procédures en matière d'eaux et foréts*, page 59 de la nouvelle édition.

L'arpenteur mesure, tant plain que vide, c'est-à-dire qu'il est tenu de comprendre dans la quantité mesurée les places dégarnies de bois, les mares, fossés, chemins de traverse et avenues, de la même manière que les parties boisées. Il doit néanmoins faire distraction des grandes routes, s'il s'en trouve dans la coupe à asseoir (1).

Mais il faut observer que quoique les places vides doivent être comprises dans les quantités vendues, l'arpenteur doit tenir note de leur contenance pour en faire mention dans le plan et le procès-verbal qu'il en doit dresser (2).

L'arpentage des coupes dans les terrains inclinés doit être fait par *cutillation* ou par *développement*, selon que l'un ou l'autre de ces modes a été employé pour l'aménagement de la forêt. S'il en était autrement, il arriverait bientôt que cet aménagement ne serait plus

---

(1) Ordonnance de Francois I*, de l'année 1505, art. 31. — Ordonnance de 1669, tit. XV, art. 13.

(2) Ordonnance de 1669, tit. XV, art. 6.

observé. Je suppose que le plan général de la forêt ait été tiré d'après le mode de *développement*, et que l'on arpente les coupes annuelles d'après le mode de *cutillation*, il arrivera que la quantité d'arpens à mettre en vente chaque année occupant moins de surface, la révolution des coupes déterminées pour l'aménagement sera terminée, lorsqu'une partie de la forêt restera encore à exploiter. Ce serait le contraire, si le plan d'aménagement avait été fait par *cutillation*, et que les coupes annuelles eussent été assises par *développement*; dans ce cas, au lieu de pouvoir faire sur l'étendue de la forêt le nombre de coupes déterminé par l'aménagement, on ne pourrait y en asseoir que les trois quarts ou les deux tiers, selon le plus ou le moins d'inclinaison du terrain.

Il faut donc que les coupes soient arpentées de la même manière qui a été adoptée par l'arpenteur qui a levé le plan sur lequel la forêt a été aménagée.

Les arpenteurs, dans leur travail sur le terrain, sont obligés de faire des percées, soit pour établir des lignes de construction, soit pour déterminer les limites de la coupe ; ces percées, que l'on appelle *laies*, *tranchées*, *routes*, et dans quelques arrondissemens *cli-*

quetis, *rayons* et *lisses*, ne doivent avoir que la largeur nécessaire pour le passage de l'arpenteur et de son porte-chaîne (1). Cette largeur est fixée à un mètre (2). Le bois provenant des tranchées demeure au profit de l'adjudicataire, sans que les arpenteurs et les gardes puissent y prendre part (3).

Les limites des coupes ne seraient pas suffisamment établies par les tranchées dont il vient d'être parlé ; aussi bien serait-il difficile de distinguer celles qui n'ont été ouvertes que pour former des lignes de construction, d'avec celles qui sont effectivement destinées à borner l'espace qui doit être vendu ; c'est pourquoi les ordonnances veulent que certains arbres soient signalés autour de chaque coupe assise, pour en faire reconnaître le périmètre d'une manière positive (4).

Ces arbres prennent différentes dénominations, suivant leur position et les parties de la

---

(1) Ordonnance de François Ier, de 1518, art. 4 et 11.

(2) Ordonnance de 1669, tit. XV, art. 7.

(3) *Ibid.*, art. 8.

(4) Ordonnance de François Ier, du mois de mars 1516. — Ordonnance de 1669, tit. XV, art. 6.

figure qu'ils circonscrivent. On appelle *pieds corniers* ceux qui servent à désigner un angle sortant, *tournans* ceux qui se trouvent dans un angle rentrant, et *parois* ceux que l'on marque dans la longueur d'une ligne, soit entre deux pieds corniers, soit entre deux tournans, soit entre un pied cornier et un tournant.

Quelquefois il ne se trouve pas d'arbres précisément sur les angles et sur les lignes pour servir de *pieds corniers*, *tournans* ou *parois;* en ce cas, l'arpenteur pose des piquets, que l'on connaît dans quelques arrondissemens sous le nom d'*étibot*, et emprunte, au dehors ou au dedans de la coupe, les arbres les plus proches et les plus apparens, pour servir de témoins, qu'il désigne comme si effectivement ils étaient sur les angles ou dans les lignes (1).

Tous ces arbres doivent être marqués au pied, le plus près de terre qu'il est possible, du marteau de l'arpenteur, savoir, les pieds corniers et tournans, sur deux faces, l'une dans la direction de la ligne qui est à droite, l'autre dans celle de la ligne qui est à gauche, et les parois sur une seule face du côté de la coupe (2).

---

(1) Ordonnance de 1669, tit. **XV**, art. 6.
(2) *Ibid.*, art. 9.

L'arpenteur fait ensuite au-dessus de chaque empreinte de son marteau, et dans la même direction, à la hauteur d'un mètre, une entaille que l'on appelle *miroir* ou *plaquis*, destinée à recevoir l'empreinte du marteau impérial, et un peu au-dessus une autre entaille pour l'empreinte du marteau de l'officier qui a fait l'assiette (1).

L'arpenteur doit dresser le plan de la coupe mesurée (2).

Quel que soit le mode que le conservateur ait prescrit à l'arpenteur pour le mesurage des coupes, celui-ci doit en faire mention en tête du plan (3).

Le plan doit être orienté de manière que le plein nord soit toujours en haut (4). L'arpenteur doit y indiquer les bornes et leur état, les pieds corniers, tournans et arbres de lisière, les qualités de ces arbres, la distance qui se trouve entre les pieds corniers, les emprunts qui ont pu en être faits ; enfin, il doit figurer

---

(1) Ordonnance de 1669, tit. XV, art. 9.

(2) *Ibid.*, art. 6.

(3) Circulaire du 11 ventose an X, n° 71.

(4) Instruction du 7 prairial an IX, § I, art. 3. — Ordonnance de 1669, tit. XI, art. 3.

sur le plan les chemins, fossés, rivières, ruisseaux et bâtimens compris dans la coupe (1).

Les arpenteurs indiquent aussi, en lignes
ponctuées et cotées sur leur plan, les angles
et les côtés mesurés sur le terrain pour la construction du plan, ce moyen étant le plus simple pour faciliter les vérifications qui pourraient
être ordonnées, et celles que pourraient faire
eux-mêmes les arpenteurs. Il faut aussi qu'ils
aient une attention particulière à marquer sur
place le point d'où ils sont partis pour lever
leur plan, autrement toute vérification deviendrait difficile (2).

Indépendamment de ces indications, l'arpenteur doit rattacher son plan, autant qu'il
est possible, à des points fixes, tels que des
clochers et établissemens publics, ainsi qu'il a
été dit en parlant des plans de forêts entières (3).

Les plans d'assiettes ou de toute autre partie
de bois de cent hectares et au-dessous, sont
dressés à une échelle dont le rapport avec les

---

(1) Instruction pour les arpenteurs, publiée par
l'administration, le 9 frimaire an X, art. 5.
(2) Circulaire du 11 ventose an X, n° 71.
(3) Instruction du 7 prairial an IX, § I, art. 3.

lignes prises sur le terrain est comme un à deux mille.

Les mêmes plans, pour les parties de bois au-dessus de cent hectares, sont faits à une échelle d'un pour cinq mille (1).

Les arpenteurs dressent, pour chaque opération, un procès-verbal d'arpentage dans la forme du modèle n° XIV. Ils y joignent le plan de la coupe, avec les indications portées au modèle n° XV. Ils en gardent les minutes, et sont tenus, immédiatement après leurs opérations, de remettre à l'inspecteur trois expéditions de leurs procès-verbaux et plans.

L'inspecteur conserve une de ces expéditions, et transmet sans délai les deux autres au conservateur, qui garde l'une, et adresse, aussi sans délai, l'autre à l'administration (2).

Chaque arpenteur joint à l'envoi de ces pièces l'état des rétributions qui lui sont dues. Il a soin de distinguer chaque pièce par un numéro, qu'il rappelle à l'article correspondant dudit état (3).

----

(1) Circulaire du 11 ventose an X, n° 71.

(2) Instruction pour les arpenteurs, publiée par l'administration, le 9 frimaire an X, art. 11.

(3) Circulaire du 6 juin 1806, n° 522.

Le conservateur, pour procurer le paiement de ces rétributions, agit ensuite, ainsi qu'il a été dit au chapitre V de la première Partie de cet Ouvrage.

Balivage et Martelage.

Dès que l'inspecteur a reçu du conservateur l'état des coupes à asseoir, il désigne le jour le plus prochain pour, conjointement avec le sous-inspecteur dans chaque arrondissement, commencer les opérations de balivage et martelage, et les suivre sans interruption jusqu'à ce qu'elles soient consommées. Ces deux officiers sont assistés, dans chaque cantonnement, par le garde général (1).

Le martelage n'est autre chose que l'application d'un ou de plusieurs marteaux à certains arbres pour les faire reconnaître.

Les arbres à marteler sont de plusieurs sortes; les uns, servant à établir les limites d'une coupe, sont les pieds corniers, tournans et parois, dont il a été parlé plus haut.

D'autres sont les baliveaux qui doivent être réservés dans les coupes.

____

(1) Instruction du 7 prairial an IX, § II, art. 4.

D'autres enfin sont des arbres destinés à être coupés en jardinant.

Il y a donc deux sortes de martelages ; l'un s'applique aux arbres qui doivent être réservés dans une coupe assise : on peut l'appeler *martelage de réserve;* l'autre, au contraire, s'applique aux arbres qui doivent être coupés : on peut le distinguer sous le nom de *martelage d'exploitation.*

Le martelage de réserve, qui se fait sur les pieds corniers, tournans et parois, s'opère, comme nous l'avons déjà vu, par l'empreinte de trois marteaux différens; le premier est celui dont l'arpenteur a frappé l'arbre près de terre; le second est le marteau impérial, qui s'applique à un mètre plus haut; le troisième est celui de l'officier forestier, qui s'applique un peu au-dessus (1).

Le martelage de réserve, qui est fait sur les baliveaux, tant anciens que modernes et de l'âge, prend le nom de *balivage;* mais le mot de balivage ne signifie pas seulement l'opération mécanique de l'application du marteau, il exprime aussi le choix des arbres qui doivent

______

(1) Ordonnance de 1669, tit. XV, art. 6.

être réservés, choix qui doit être fait avec beaucoup d'attention avant le martelage. Pour jeter
quelques lumières sur cette matière, nous distinguerons ici les baliveaux de l'âge de la
coupe, et ceux qui ont été réservés dans les
coupes précédentes.

Le nombre de baliveaux de l'âge de la coupe
est fixé, ainsi que nous l'avons dit plus haut, à
vingt par hectare de futaie, et l'usage a établi
d'en réserver trente-deux par hectare de taillis;
mais il arrive souvent que des réserves plus ou
moins fortes sont prescrites par les décrets
d'aménagement, qui doivent servir de règle
aux agens forestiers.

Les baliveaux de l'âge doivent être pris
parmi les brins les plus vifs, de la plus belle
venue de chêne, hêtre ou autre, de la meilleure
essence et de grosseur compétente (1). Je me
bornerai à rapporter ici cette disposition de
l'ordonnance, renvoyant le lecteur à ce que
j'ai dit sur le choix des baliveaux dans mon
Traité de l'Aménagement des Bois et Foréts,
pages 69 et suivantes de la nouvelle édition.

Quant aux baliveaux réservés dans les coupes

---

(1) Ordonnance de 1669, tit. XV, art. 11, et
tit. XXV, art. 3.

précédentes, la loi ne défend pas de les comprendre dans la vente, lorsque la forêt est en nature de futaie; elle veut au contraire que, dans les bois taillis, ils ne puissent être coupés qu'en vertu d'une autorisation du gouvernement (1); mais cette dernière disposition n'est observée que lorsqu'il s'agit de la totalité ou de la plus grande partie des baliveaux anciens ou modernes qui se trouvent dans une coupe considérable de taillis. Il serait ridicule de recourir à l'autorité suprême pour pouvoir comprendre dans l'adjudication d'une coupe de taillis quelques anciens baliveaux morts ou entièrement dépérissant; aussi l'usage a tellement prévalu, que l'on marque en réserve les anciens baliveaux qui ne sont pas destinés à être coupés; opération qui serait inutile, s'ils devaient être tous conservés indistinctement.

Quoi qu'il en soit, les baliveaux de l'âge et ceux des coupes précédentes réservés, doivent être marqués (2) du marteau impérial (3). Cette marque doit être faite à deux décimètres de

____

(1) Ordonnance de 1669, tit. XV, art. 12.

(2) Ordonnance de François Ier, de l'année 1523; de Charles IX, de l'année 1573.

(3) Ordonnance de 1669, tit. XV, art. 11.

terre, et de préférence vers le nord ou l'ouest, afin que le miroir ou l'entaille qui se fait à ces arbres à chaque révolution leur cause moins de dommage (1).

Il est bon de remarquer en passant, que la réserve des baliveaux de l'âge de la coupe est de droit général. Si, par négligence ou oubli, les officiers forestiers avaient omis de procéder au martelage de ces arbres, ou si les brins du taillis s'étaient trouvés trop faibles pour pouvoir supporter le coup du marteau, les adjudicataires n'en seraient pas moins tenus de réserver par chaque hectare le nombre déterminé par la loi ou par l'usage ; et, à défaut de le faire, ils encourraient la même peine que s'ils eussent coupé les baliveaux après avoir été martelés (2).

Les adjudicataires ne peuvent se dispenser de faire la réserve des baliveaux, que lorsqu'ils y sont autorisés par une clause expresse, ce qui peut arriver dans les coupes de futaies su-

---

(1) Circulaire du 26 germinal an **X** , n° 85.

(2) Ordonnance de Charles **V**, de l'année 1376, art. 11; de Charles **VI**, de l'année 1402, art. 20; de François Ier, de l'année 1515 ; et de Henri **II**, de l'année 1557, art. 32.

rannées, dont tous les arbres sont si dépérissans, que l'on ne peut en réserver aucun, ou
dans les coupes de taillis rabougris ou incendiés qui ne présentent aucun brin d'espérance.

Enfin les adjudicataires ne peuvent se per-
mettre de couper aucun des arbres marqués
en réserve, lors même qu'il s'en trouverait un
plus grand nombre que celui porté dans les
procès-verbaux et les affiches (1).

Il nous reste à parler du martelage d'exploitation. Il se fait, ainsi que nous l'avons dit, sur
les arbres qui doivent être coupés en jardinant
dans les forêts de bois résineux et dans celles
qui sont mêlées de bois résineux et de hêtres,
dans les boqueteaux et les plantations éparses.
Il n'est pas question de ce genre de coupe dans
l'ordonnance de 1669, ni dans les lois qui lui
sont antérieures, et il n'existe aucune instruction officielle qui y soit relative. Il est donc
utile d'indiquer ici la marche que doivent suivre les officiers forestiers pour prévenir les
abus auxquels peut donner lieu ce genre d'exploitation.

Si l'on se bornait à marquer dans une vaste

---

(1) Circulaire de la régie de l'enregistrement, du
4 fructidor an VIII.

forêt une quantité d'arbres destinés à être vendus, sans prendre des précautions particulières,
il serait très-facile à l'adjudicataire d'en exploiter un nombre plus considérable, et très-difficile aux employés de l'administration de reconnaître la fraude.

Pour y obvier, lorsque l'on a déterminé le
nombre d'arbres à mettre en vente dans chaque
triage, on fait un premier martelage que l'on
appelle *martelage d'assiette;* il consiste à marquer l'arbre du marteau impérial près de terre,
et à faire, un mètre plus haut, un plaquis destiné à recevoir un numéro. Celui qui est devenu adjudicataire est tenu de couper de manière à ce que l'empreinte du marteau reste à
chaque souche, et de laisser les pièces abat-
tues jusqu'à ce qu'elles aient été vérifiées. Cette
vérification se fait par les employés de l'administration, qui, après s'être assurés que les
pièces proviennent de la souche près de laquelle elles sont gissantes, mettent à chacune
de ces pièces l'empreinte d'un marteau. Cette
seconde opération s'appelle *martelage de délivrance.* Ce n'est qu'après qu'il y a été procédé,
que les adjudicataires peuvent commencer la
vidange de la coupe. Chaque pièce qui en est
extraite étant marquée, il est facile aux gardes

de reconnaître et de saisir celles qui pourraient être extraites en fraude.

Telle est la marche qui est suivie dans la
treizième conservation, conformément aux
dispositions d'un réglement particulier à l'ancienne maîtrise de Quillan, du 29 octobre
1754.

Quelque soit le genre de martelage auquel
il ait été procédé, l'inspecteur dresse, pour
chaque coupe, un procès-verbal conforme au
modèle n° XVI. Ce procès-verbal doit être
signé de lui, du sous-inspecteur et du garde
général du cantonnement. Il doit y être fait
une mention exacte (1) du nombre des arbres
qui ont été martelés, de leur âge et de leur
essence (2).

L'inspecteur, dans la quinzaine qui suit les
opérations de balivage et martelage, envoie
deux doubles de chaque procès-verbal au conservateur, l'un pour cet officier, l'autre pour
l'administration, et y joint un état conforme au
modèle n° XVII (3).

---

(1) Circulaire de la régie de l'enregistrement, du 4
fructidor an VIII.

(2) Instruction du 7 prairial an IX, § II, art. 4.—
Circulaire du 9 prairial an XIII, n° 267.

(3) *Ibid.*

Dans cet état doit être strictement observé l'ordre établi dans l'état des coupes à asseoir, et les numéros d'ordre qui se trouvent à l'article de chaque forêt comprise dans les états doivent être reportés sur les procès-verbaux correspondans (1).

Ces procès-verbaux, ainsi que les plans d'assiette, doivent être envoyés à l'administration avant l'apposition des affiches de vente ; et la lettre portant envoi de ces pièces doit certifier qu'en effet les affiches n'ont point été apposées (2).

Marque des Arbres propres au service de la Marine et de l'Artillerie.

L'administration a pris les mesures les plus efficaces pour connaître les ressources que présentaient les forêts de l'Empire pour l'approvisionnement des chantiers de la marine (3).

-----

(1) Lettre de l'administration du 17 nivose an XI, n° 993.

(2) Circulaire du 9 prairial an XIII, n° 267.

(3) Circulaires des 28 brumaire an X, n° 44 ; — 8 vendémiaire an XI, n° 111 ; — 28 brumaire an XI, n° 118 ; — 14 nivose an XI, n° 123.

Une instruction, qu'elle a publiée le 20 messidor an 11, expose de la manière la plus claire les principes d'après lesquels ses préposés peuvent distinguer les arbres qui sont propres aux constructions maritimes, soit relativement à leur essence, leurs dimensions et leur âge, soit relativement à leurs qualités et à leur conformation.

Les officiers forestiers, munis de cette instruction, ont été chargés de faire faire, dans toutes les forêts, la recherche exacte des arbres propres à être utilisés par la marine, et d'en présenter des états dont le modèle leur a été fourni (1).

Chaque employé connaît, d'après ces états, quelles sont les forêts et les parties de forêt de son arrondissement qui renferment des arbres de construction, soit dans les massifs de futaie, soit dans la futaie sur taillis; il est donc à chaque moment en mesure de donner les indications nécessaires pour les approvisionnemens de la marine.

Ces approvisionnemens, ainsi que ceux de l'artillerie, se font dans les coupes annuelles

______

(1) Circulaire du 2 pluviose an XIII, n° 250.

des forêts impériales; et les adjudicataires de ces coupes sont tenus de livrer les arbres qui y ont été martelés, aux conditions dont il sera parlé dans la suite (1).

Pour mettre les agens de la marine et de l'artillerie à même de procéder aux martelages, le conservateur fait parvenir le plutôt possible, soit directement, soit par l'intermédiaire des inspecteurs ou sous-inspecteurs, à l'officier du génie maritime de l'arrondissement, et au directeur de l'artillerie, l'état des ventes de futaie et baliveaux sur taillis qui doivent avoir lieu chaque année (2), et désigne dans cet état les coupes qui peuvent offrir des ressources pour les constructions (3).

Dès le moment que les officiers forestiers commencent leur tournée pour l'assiette des

---

(1) Ordonnance de 1669, tit. XXI, art. 1. — Arrêt du conseil, du 21 septembre 1700, art. 1 et 2.—Arrêté du Gouvernement du 28 floréal an XI, art. 7. — Décision de S. Exc. le ministre des finances, du 20 août 1806, rapportée dans une circulaire du 20 même mois, n° 359.

(2) Arrêté du Gouvernement du 28 floréal an XI, art. 1.

(3) Circulaire du 15 prairial an XII, n° 208.

coupes, les maîtres et contre-maîtres de la marine et de l'artillerie les suivent, autant qu'il est possible, pour exécuter de suite leurs martelages (1); à cet effet, les officiers forestiers doivent les prévenir de leur marche, de manière que les employés de l'un et l'autre services puissent se trouver ensemble dans les coupes assises (2).

Si les agens de la marine et de l'artillerie, employés à d'autres opérations, ne peuvent suivre les officiers forestiers dans leur tournée, ceux-ci donnent des ordres pour que ces agens soient toujours accompagnés dans leurs visites par un garde général ou particulier (3).

Il doit être dressé procès-verbal détaillé de chaque martelage de bois de marine et d'artillerie; deux expéditions en sont remises dans le mois à l'inspecteur forestier local, l'une

____

(1) Décision de S. Exc. le ministre de la marine et des colonies, du 30 floréal an XIII, art. 4.

(2) Circulaire du 18 prairial an XI, n° 150.

(3) Instruction du 7 prairial an IX, § 1er, art. 19.—Décision de S. Exc. le ministre de la marine et des colonies, du 30 floréal an XIII, art. 3.—Circulaire du 7 brumaire an XIV, n° 290.

(169)

pour rester entre ses mains, l'autre pour être adressée au conservateur (1), qui en envoie copie à l'administration (2).

Les procès-verbaux énoncent le nom du bois, de la coupe, celui de la commune de sa situation, l'arrondissement communal, l'inspection forestière, enfin le nom et la résidence du fournisseur qui doit prendre livraison des bois (3).

Indépendamment du martelage qui se fait pour la marine dans les coupes annuelles, les besoins des arsenaux peuvent quelquefois exiger que l'on recoure à la coupe extraordinaire en jardinant d'une certaine quantité d'arbres, soit parmi les baliveaux sur taillis, soit dans les massifs de futaie; mais cette coupe extraordinaire ne peut avoir lieu sans une autorisation expresse du gouvernement, provoquée par le ministre des finances, d'après la demande de

____

(1) Arrêté du Gouvernement du 28 floréal an XI, art. 6. — Décision de S. Exc. le ministre de la marine, rapportée dans une circulaire du 5 août 1808, n° 371.

(2) Instruction du 7 prairial an IX, § Ier, art. 19.

(3) Décision de S. Exc. le ministre de la marine et des colonies, du 30 floréal an XIII, art. 4.

celui de la marine, et l'avis de l'administration forestière.

Le martelage de ces arbres se fait alors en présence d'un officier forestier; il en signe le procès-verbal, dont un double est adressé à l'administration (1).

Le martelage des arbres de marine doit toujours être fait avant l'adjudication des coupes (2).

Le conservateur fournit chaque année, à l'administration, un état conforme au modèle n° XVIII, des martelages faits par les contre-maîtres; mais il est dispensé d'y joindre la copie des procès-verbaux de ces martelages (3).

Indépendamment des martelages ordinaire et extraordinaire dont il vient d'être parlé, et qui s'opèrent sur les arbres destinés à une ex-ploitation prochaine, les agens de la marine

______

(1) Ordonnance de 1669, tit. XXI, art. 2, 3 et 4.— Arrêt du conseil du 21 septembre 1700. — Arrêté du Gouvernement, du 28 floréal an XI, art. 12.

(2) Arrêté du Gouvernement, du 28 floréal an XI, art. 2.

(3) Circulaire du 22 germinal an XI, n° 158. — Autre circulaire du 29 mai 1806, n° 317.

peuvent marquer, à la racine, les arbres mis en réserve par les agens forestiers, afin d'avoir par ce moyen connaissance des ressources que présentent les forêts pour les besoins à venir (1).

Affiches.

Les jours auxquels les adjudications doivent avoir lieu ayant été fixés par MM. les préfets des départemens, concurremment avec le conservateur forestier, celui-ci, ou le premier officier de l'arrondissement, rédige l'affiche des ventes, conformément au modèle nº XIX (2).

Si la vente doit comprendre des baliveaux morts ou dépérissans, ils doivent être désignés dans l'affiche par leur nombre, leur âge et leur essence.

Il faut aussi y faire mention des baliveaux de l'âge, des anciens, des modernes, des pieds corniers, tournans et parois marqués en réserve, et en désigner le nombre, l'âge et l'essence (3).

----

(1) Circulaire du 4 septembre 1811, nº 448.

(2) Instruction du 7 prairial an IX, § Iᵉʳ, art. 20.—
Circulaire du 26 messidor an X, nº 103.

(3) Circulaire du 9 prairial an XIII, nº 267. —
Autre circulaire du 18 thermidor an XIII, nº 274.

(172)

Lorsque l'apposition des affiches a été approuvée par le préfet, les gardes sont chargés de les placarder aux chefs-lieux du département et de l'arrondissement, dans la commune de la situation des bois, ainsi que dans les communes environnantes. Les gardes dressent procès-verbal de cette opération (1), et la font certifier par les maires des communes où les affiches ont été placardées.

Il y a au moins huitaine franche entre la dernière publication et l'adjudication (2).

Un exemplaire de chaque affiche est envoyé à l'administration par le conservateur, qui certifie au bas les jours et les communes où elle a été apposée (3).

Estimation des Coupes.

Les officiers forestiers qui ont procédé au balivage et martelage font, à la suite de ces opérations, et en commun, l'estimation de chaque coupe. Cette estimation ne doit pas être mentionnée dans le cahier des charges,

-----

(1) Ordonnance de 1669, tit. XV, art. 18.
(2) *Ibid.*, art. 19.
(3) Circulaire du 9 prairial an XIII, n° 267.

et ne peut être connue que des agens qui l'ont faite et signée : elle sert de mise à prix aux ventes, comme on le verra dans la suite ; un double en est envoyé au conservateur (1).

Cahier des Charges.

On appelle *cahier des charges* l'acte dans lequel sont consignées les principales charges, clauses et conditions sous lesquelles les coupes de bois doivent être vendues.

Le cahier des charges a principalement pour objet :

1° L'adjudication et tout ce qui y a rapport ;

2° L'exploitation ;

3° Les droits et les devoirs de l'adjudicataire relatifs aux arbres propres à la marine et à l'artillerie ;

4° Le récolement des coupes.

Les dispositions des lois relatives à ces divers objets doivent être rappelées dans le cahier des charges (2). Nous les ferons connaître dans les quatre chapitres suivans.

____

(1) Instruction du 7 prairial an IX, § Ier, art. 22.

(2) Arrêté du Gouvernement, du 5 thermidor, art. 5 et 6.

Le cahier des charges se compose de deux parties; la première renferme les clauses générales communes à toutes les ventes : elle est arrêtée par M. le conseiller d'état directeur général de l'administration (1).

L'on fait ordinairement imprimer cette première partie dans chaque conservation, et il est recommandé de n'en tirer que le nombre d'exemplaires strictement nécessaire (2), afin de ne pas multiplier inutilement les frais d'adjudication.

La seconde partie renferme les clauses particulières que nécessitent les localités; elles ont le plus souvent pour objet les délais à fixer pour les exploitations et la vidange, les travaux étrangers à l'exploitation dont on charge quelquefois les adjudicataires, les mesures particulières prises, dans certains cas, pour prévenir les abus, les facultés accordées aux adjudicataires qui ne sont point autorisées par les lois générales.

Pour rendre ceci plus intelligible, nous allons citer quelques exemples des circonstances

---

(1) Circulaire du 22 fructidor an IX, n° 33.

(2) Circulaire du 23 prairial an IX, n° 8.

qui peuvent donner lieu à des clauses particulières.

L'époque du 15 avril est désignée par la loi
pour le moment où les arbres entrant en sève
ne peuvent plus être coupés sans nuire à leur
reproduction; cette disposition est très-sage,
si elle n'est appliquée qu'aux forêts de la plaine;
mais dans les Alpes et les Pyrénées, la végétation ne s'anime que sur la fin du printems; et
dans ces montagnes, la différence des hauteurs,
des expositions, de la proximité de la région
des glaces ne permet pas même d'assigner l'é-
poque à laquelle il est nécessaire de terminer
les exploitations. Cette fixation doit donc être
laissée, dans chaque localité, au choix des
officiers. Il doit en être de même pour la vidange; certaines coupes peu considérables sont
vidées immédiatement après l'exploitation :
d'autres, très-étendues, ne peuvent l'être que
long-tems après, soit à raison de la présence
des neiges, soit à raison de la rareté des char-
rois ou de la difficulté des débouchés. Ces considérations obligent les officiers à déroger aux
règles générales par des clauses particulières
du cahier des charges (1).

____

(1) Circulaire du 22 fructidor an IX, n° 33.

L'on a vu plus haut que les adjudicataires étaient tenus de curer à vif-fond et d'aligner tous les fossés qui se trouvent dans l'intérieur et au pourtour de leurs ventes; ils sont tenus aussi de rétablir et réparer les routes, ponts et ponceaux. Ces opérations étant souvent dispendieuses, il est bon, quand le cas le requiert, que le cahier des charges en fasse une mention particulière et détaillée, afin d'éviter toute réclamation de la part de l'adjudicataire.

Il y a dans les Pyrénées des forêts tellement escarpées et hérissées de rochers, que les bûcherons sont obligés de se suspendre avec des cordes pour en faire l'exploitation. On y fait les ventes par pied d'arbre, au choix de l'adjudicataire; et par des réglemens particuliers, les officiers sont dispensés d'y faire le martelage préalable. On sent combien d'abus occasionneraient de telles adjudications, si l'on ne prenait de sages mesures pour y obvier. On oblige en conséquence les adjudicataires à rassembler aux bords de la forêt tous les bois exploités, pour être vérifiés et marqués de l'empreinte d'un marteau. Cette formalité n'étant prévue par aucune loi, doit être prescrite d'une manière particulière.

L'ordonnance défend de peler les bois des

ventes étant debout et sur pied ; cependant les besoins des communes obligent quelquefois l'administration à s'écarter de cette défense, ce qui doit donner lieu à une clause particulière (1).

Enfin il est bon de faire connaître aux enchérisseurs le nombre d'arbres qui ont été martelés pour le service de la marine et de l'artillerie, dans chaque coupe à adjuger.

Les clauses particulières doivent être proposées par les officiers locaux, un mois avant la mise à prix ; elles sont écrites et autorisées à la suite des clauses générales, par le conservateur, qui en envoie copie à l'administration (2).

Comme il est utile que tous les moyens soient donnés aux adjudicataires de prendre pleine et entière connaissance du cahier des charges ; indépendamment de la lecture qui en est faite au moment des adjudications, ce cahier est déposé au moins dix jours à l'avance au secrétariat du lieu de la vente (3), chez les officiers forestiers et le receveur du lieu de la situation des bois.

---

(1) Circulaire du 22 fructidor an IX, n° 33.
(2) Circulaire du 9 prairial an XIII, n° 267.
(3) Circulaire du 22 fructidor an IX, n° 33.

CHAPITRE VIII.

De l'Adjudication des Coupes.

L'ADJUDICATION est l'acte par lequel le fonctionnaire public chargé d'une vente en adjuge l'objet au plus offrant.

Cet acte donne lieu à examiner 1º dans quel tems doivent se faire les adjudications, et quels sont les fonctionnaires publics chargés d'y procéder;

2º Quelles sont les personnes qui peuvent devenir adjudicataires;

3º Les formes dans lesquelles sont reçues les offres et enchères;

4º Les frais qui sont à la charge de l'adjudicataire;

5º La nature des paiemens du prix principal;

6º Les mesures prises pour assurer l'exécution des clauses de l'adjudication.

Telles sont les différentes matières dont il va être traité dans ce chapitre, que nous terminerons en faisant connaître quels sont les renseignemens et états que les officiers forestiers doivent fournir à l'administration au sujet des coupes de bois.

Époques des adjudications; Fonctionnaires publics chargés d'y procéder.

Les adjudications doivent commencer, chaque année, dans les premiers jours du mois de septembre, et être terminées le 1er janvier suivant (1).

La loi du 29 septembre 1791 chargeait les directoires de district de procéder à toutes les ventes de coupes de bois. Ces administrations ayant été supprimées en l'an III, les administrations municipales furent chargées de procéder aux adjudications par deux arrêtés du gouvernement, des 28 frimaire an IV et 5 thermidor an V. A ces dernières administrations la constitution de l'an VIII fit succéder les sous-préfets, qui d'après l'article 9

____

(1) Ordonnance de 1669, tit. III, art. 15. — Arrêté du Gouvernement, du 5 thermidor an V, art. 8.—Instruction du 7 prairial an IX, tit. 1er, art. 21. —- Circulaire du 15 septembre 1806, n° 338.

de la loi du 28 pluviose de la même année, remplissent les fonctions dont il s'agit, de même que les préfets dans l'arrondissement du chef-lieu.

C'est donc en présence de MM. les préfets ou sous-préfets, chacun dans leur arrondissement, que l'on procède aux adjudications (1). Le conservateur y assiste, et en cas d'empêchement il se fait suppléer par l'inspecteur ou sous-inspecteur qui a concouru à l'estimation des coupes (2).

Le receveur général du département est autorisé à assister, soit par lui-même, soit par un fondé de pouvoir, aux adjudications (3), ainsi que le directeur ou receveur du domaine impérial (4).

Personnes qui peuvent devenir adjudicataires.

Toutes personnes sont reçues à mettre leurs enchères (5), sauf les exceptions ci-après.

---

(1) Instruction du 7 prairial an IX, tit. Ier, art. 21.

(2) Loi du 29 septembre 1791, tit. V, art. 11. — Instruction du 7 prairial an IX, § Ier, art. 21.

(3) Décret impérial du 11 thermidor an XII, art. 6.

(4) Arrêté du Gouvernement du 5 thermidor an V, art. 10.

(5) Ordonnance de 1669, tit. XV, art. 20.

Les personnes notoirement insolvables, et celles qui ayant déjà subi l'événement d'une folle-enchère, n'ont pas payé depuis la somme dont elles étaient restées redevables, ne peuvent mettre à prix, enchérir ou surenchérir, qu'en présentant préalablement une caution domiciliée en France, et agréée par le receveur général du département ou son fondé de pouvoir, et par le receveur du domaine impérial (1).

Ne peuvent les officiers des forêts et des chasses, ni leurs parens ou alliés en ligne directe, frères ou beaux-frères, oncles ou neveux, ou cousins germains, enchérir ou prendre part aux ventes, soit comme parties principales, soit comme associés, ou cautions et certificateurs (2).

Les anciennes ordonnances excluent aussi des enchères les ecclésiastiques, les magistrats de police et de finances, et autres personnes qualifiées, dont l'influence pourrait nuire au succès des adjudications; mais sui-

____

(1) Ordonnance de 1669, tit. XV, art. 20. —Cahier des charges générales de 1812, approuvé par le ministre des finances, art. 9.

(2) Ordonnance de 1669, tit. XV, art. 22.

vant la remarque de M. de Fraidour (1), ces ordonnances ne sont suivies à la rigueur que lorsqu'il est reconnu que l'État y a réellement intérêt.

Offres et Enchères.

Les adjudications dont les actes préparatoires se trouvent déposés depuis quinzaine au secrétariat, se font en francs, à l'hectare et are (2), au plus offrant et dernier enchérisseur, à l'extinction des feux (3).

Nous distinguerons trois sortes d'offres, savoir : celles qui ont lieu avant que l'on allume les feux ; celles qui se font pendant que les feux sont allumés ; et celles qui sont postérieures à l'extinction des feux.

On donne le nom de mises à prix aux offres que font les marchands avant l'ouverture des feux.

Ces sortes d'offres sont arbitraires ; les mar-

-----

(1) Instruction pour les ventes des bois du roi, page 96.

(2) Cahier des charges générales de 1812, art. 1.

(3) Instruction du 7 prairial an IX, § Ier, art. 22. — Cahier des charges générales, de 1812, art. 2.

chands sont libres de les porter à telles sommes
qu'ils jugent à propos, et il n'en est pas fait
mention au procès-verbal.

Lorsqu'une·des offres ou mises à prix at-
teint l'estimation faite par les officiers, ou
qu'elle s'en rapproche, elle est inscrite au
procès-verbal d'adjudication, du consentement du fonctionnaire public qui préside à
la vente, et de l'officier forestier présent (1).
Cette dernière mise à prix devient ainsi la
première enchère, sur laquelle on commence
à allumer les feux.

Le nom de chaque enchérisseur est inscrit
au procès-verbal d'adjudication.

Dans le cas où, lors de l'adjudication, il
n'y aurait pas lieu à allumer de feux, la vente
doit être remise, séance tenante, au jour indiqué par celui qui la préside et l'officier
forestier présent. Ce délai ne doit pas excéder
la quinzaine (2).

Si, à cette époque, il n'y a pas encore
d'offres suffisantes, la vente est renvoyée à
l'ordinaire suivant.

------

(1) Loi du 29 septembre 1791, tit. VI, art. 15. —
Cahier des charges générales de 1812, art. 2.
(2) Circulaire du 1ᵉʳ vendémiaire an XIV, n° 281.

Il est néanmoins libre aux officiers forestiers de proposer la remise en vente après un second délai de quinzaine et de nouvelles affiches, si dans cet intervalle il a été fait des offres suffisantes au secrétariat du lieu de la vente (1).

L'adjudication ne devient définitive que lorsqu'un feu a été allumé, et s'est éteint sans que, pendant sa durée, il ait été mis aucune nouvelle enchère (2).

Les enchères, mises pendant l'ouverture des feux, ne sont point arbitraires; elles sont réglées ainsi qu'il suit :

Elles ne peuvent être moindres du vingtième de la mise à prix de l'hectare, lorsqu'elle est de cent francs et au-dessous.

Ces enchères sont de dix francs, depuis cent francs jusqu'à deux cents francs;

De quinze francs, depuis deux cents francs jusqu'à trois cents francs;

Et de vingt francs quand la mise à prix de l'hectare excède trois cents francs.

Nulle personne inconnue ne peut faire une mise exagérée, qu'autant qu'elle a fourni, à

____

(1) Cahier des charges générales de 1812, art. 4.
(2) *Ibid.*, art. 2.

l'instant, une caution et un certificateur de caution solvable (1).

En cas de contestation entre les enchérisseurs sur la validité des enchères, celui qui préside à la vente décide s'il sera allumé un nouveau feu (2).

Lorsque plusieurs lots sont mis en vente dans la même séance, ils doivent être adjugés séparément.

L'officier forestier présent doit s'opposer à leur cumul, comme contraire à la concurrence des enchérisseurs (3).

On peut donner le nom de surenchère aux enchères qui se font après l'extinction des feux.

Les surenchères se distinguent en tiercement, demi-tiercement, et doublement.

Le tiercement est une surenchère qui augmente du tiers le prix de la vente et fait le quart du total; le demi-tiercement est une autre surenchère sur le tiercement qui est la moitié du tiers, en sorte que si le prix de

------

(1) Cahier des charges générales de 1812, art. 2.

(2) *Ibid.*, art. 3.

(3) Circulaire du 1er vendémiaire an XIV, n° 281.

l'adjudication est de quinze cents francs, le tiercement sera de cinq cents francs, et le demi-tiercement de deux cent cinquante francs (1).

Le demi-tiercement n'est reçu que sur le tiercement; mais on peut, d'une seule enchère, faire le tiercement et le demi-tiercement, ce qui s'appelle doublement (2).

Peuvent toutes personnes non prohibées et reconnues solvables, tiercer, demi-tiercer et doubler les ventes jusqu'au lendemain à midi du jour de l'adjudication, après lequel tems il n'y a plus lieu au tiercement, demi-tiercement et doublement, sous quelque prétexte et pour quelques considérations que ce puisse être (3).

Le tiercement, même le doublement, faits dans le délai ci-dessus fixé, n'empêchent pas de nouveaux tierceurs ou doubleurs d'être admis, pourvu qu'ils se présentent dans le même délai (4).

---

(1) Ordonnance de 1669, tit. XV, art. 33.

(2) *Ibid.*, art. 35.

(3) *Ibid.*, art. 31. — Lettre du ministre des finances à MM. les préfets, du 12 prairial an XII.

(4) Cahier des charges générales de 1812, art. 16.

Les déclarations de tiercemens, demi-tiercemens ou doublemens, sont faites au secrétariat du lieu de la vente (1).

Ces tiercemens, demi-tiercemens et doublemens sont signifiés par un huissier ou garde
forestier, le même jour, au receveur du domaine impérial, et aux adjudicataires, en parlant à leurs personnes, ou à domicile s'il en
a été élu, sinon audit secrétariat, par exploit
qui contient ponctuellement l'heure à laquelle
ils ont été donnés, et les noms de ceux à qui les
huissiers ont parlé; le tout à peine de nullité (2).

Dans le tems des ventes des coupes de bois,
les secrétariats de la préfecture et des sous-
préfectures doivent rester ouverts pendant la
durée du jour, et il doit toujours y avoir un
commis capable de recevoir les actes et significations, et qui en délivre, sans retard, des
extraits aux parties intéressées (3).

Ce commis doit marquer le jour et l'heure
précise dans les actes qu'il dresse et délivre

---

(1) Ordonnance de 1669, tit. XV, art. 32.
(2) *Ibid.*
(3) Circulaire de S. Exc. le ministre des finances à
MM. les préfets, du 12 pluviose an XII.

sur les adjudications, tiercemens et doublemens (1).

Ces actes duement faits et signifiés, l'adjudicataire est reçu à y mettre une simple enchère ; et sur cette enchère, l'adjudicataire, les
tierceurs et les doubleurs seront reçus à enchérir
les uns sur les autres, entre eux seulement,
et la vente demeure au dernier enchérisseur,
sans plus revenir (2).

Tout tiercement et doublement faits par
l'adjudicataire, sur lui-même, ne peuvent être
considérés que comme un supplément d'enchères, et n'empêcheront pas de surenchérir
ce tiercement et doublement. En ce cas, les
offres des enchérisseurs sont signifiées dans le
même jour à l'adjudicataire, et le concours
d'enchères dont il vient d'être parlé est établi
entre eux (3).

Dans le cas où aucun des adjudicataires,
tierceurs, doubleurs ou enchérisseurs, ne voudraient surenchérir, la vente demeure à celui
qui, le premier, aura tiercé ou enchéri (4).

---

(1) Ordonnance de 1669, tit. XV, art. 34.
(2) *Ibid*, art. 35.
(3) Cahier des charges générales de 1812, art. 20.
(4) *Ibid.*, art. 21.

Tous enchérisseurs sont tenus d'élire domicile dans le lieu où se font les adjudications.
Les actes qui suivent l'adjudication sont valablement signifiés à ce domicile; faute d'en
élire, lesdits actes sont valablement signifiés
au secrétariat du lieu de la vente (1).

Les adjudicataires ne peuvent avoir plus de
trois associés, qu'ils sont tenus de nommer au
secrétariat du lieu de la vente, où ils déposent
une expédition de leur acte d'association, et
font leur soumission de satisfaire à toutes les
charges de l'adjudication (2).

Les officiers forestiers doivent veiller à ce
que les marchands et adjudicataires ne fassent
aucune association secrette, et ne se concertent
entre eux, par paroles ou par écrit, pour
ne point enchérir les uns sur les autres. Si
quelques-uns se rendaient coupables de tels
complots et monopoles, ils seraient poursuivis selon les lois (3).

Un adjudicataire de coupe de bois peut
faire une déclaration de commandité; il est
alors déchargé de toute obligation si le com-

---

(1) Ordonnance de 1669, tit. XV, art. 26.
(2) *Ibid.*, art. 24.
(3) *Ibid.*, art. 23.

manditaire ayant accepté (1) et la caution
sont solvables (2).

Les cessions et rétrocessions ou sous-ventes
ne peuvent être partielles ; elles se passent au
secrétariat du lieu de la vente ; néanmoins les
adjudicataires et leurs cautions sont, jusqu'à
décharge définitive, considérés comme seuls
obligés (3).

Les adjudicataires ont la faculté de renon-
cer à leurs adjudications jusqu'au lendemain
midi du jour de l'adjudication, pourvu que
lès significations, où l'heure sera relatée, en
soient faites dans cet intervalle, et à domicile,
tant au receveur, auquel ils sont contraints
de payer comptant leurs folles enchères et
leur part des frais d'adjudication, qu'aux précédens enchérisseurs, qui demeurent graduel-
lement et successivement subrogés au lieu et
place de ceux qui ont renoncé à leurs enchères (4), sans que néanmoins cela puisse

____

(1) Arrêt de la cour de cassation, du 26 octobre
1810.

(2) Décret impérial du 16 frimaire an XIV.

(3) Cahier des charges générales de 1812, art. 41.

(4) Ordonnance de 1669, tit. XV, art 25 et 26.

s'étendre à la première enchère inscrite au procès-verbal d'adjudication (1).

Si l'enchérisseur déchu se trouve être le premier enchérisseur, il est procédé à une nouvelle adjudication à sa folle enchère (2).

Les adjudicataires qui ont révoqué leurs enchères sont contraints par corps au paiement de leurs folles enchères (3).

Frais à la charge de l'adjudicataire.

Outre le prix principal de l'adjudication, il doit être payé comptant, par chaque adjudicataire, un décime pour franc de ce prix, et de plus les droits de timbre et d'enregistrement, tant des procès-verbaux d'arpentage, balivage et martelage, que de tous autres actes et frais relatifs aux ventes, dont quittance détaillée doit être donnée par le receveur (4).

Les procès-verbaux dont il vient d'être parlé peuvent être rédigés sur papier libre,

---

(1) Cahier des charges générales de 1812, art. 25.
(2) *Ibid.*, art. 32.
(3) Ordonnance de 1669, tit. XV, art. 27.
(4) Loi du 29 septembre 1791, tit. XII, art. 19. — Arrêté du Gouvernement, du 4 vendémiaire an V.

et ne sont point assujettis à l'enregistrement dans un délai fixe ; mais ils doivent être présentés avec celui d'adjudication au receveur de l'enregistrement, à l'effet de les viser pour timbre et de les enregistrer, en percevant le droit, si l'adjudicataire en a consigné le montant ; à défaut de consignation, le recouvrement en est poursuivi après le délai de vingt jours à compter de celui de la vente (1).

Les frais d'impression de l'affiche, du cahier des charges et des procès-verbaux, ceux de publication, bougies et criées, sont réglés à l'avance par le préfet et les conservateurs ; leur montant est énoncé au procès-verbal d'adjudication, et payé comptant par les adjudicataires, au marc le franc, au secrétariat du lieu de la vente.

Les adjudicataires ne sont, sous aucun prétexte, assujettis à d'autres frais que ceux ci-dessus énoncés et les suivans. Il doit en être fait mention au cahier des charges et au procès-verbal d'adjudication (2).

---

(1) Circulaire du 5 floréal an XIII, n° 262.

(2) Instruction du 7 prairial an IX, § I, art. 23 et 24. — Circulaire du 22 messidor an IX, n° 16. — Autre circulaire du 25 mars 1806, n° 311. Cahier des charges générales de 1812, art. 11.

L'état général en est dressé conforme au modèle n° XX. Il est annexé à la marge de la première page, tant dudit procès-verbal que des extraits à fournir aux adjudicataires, dont il sera parlé plus bas.

Il est fourni, dans le mois, à la suite d'un exemplaire complet du cahier des charges générales et particulières, six expéditions entières et en un seul cahier, du procès-verbal de la masse des adjudications faites dans le même lieu et sans remise d'affiches ; savoir :

Une au préfet, sur papier libre, quand la vente n'a pas été faite au chef-lieu de la préfecture ; deux au conservateur, dont une sur papier libre, qu'il est chargé d'envoyer à l'administration générale des forêts ; une quatrième au directeur des domaines ; une cinquième au receveur-général du département, et la sixième à l'inspecteur local. Cette dernière doit être remise dans les cinq jours qui suivent celui de la vente (1).

Chacune de ces expéditions générales, lorsqu'elle ne comprend pas plus de trois lots ou articles de vente, est payée 4 francs, et

----

(1) Instruction du 7 prairial au IX, § 1, art. 24.

il est ajouté 5o centimes par chaque lot ou article excédant; ces frais et ceux du timbre sont répartis au marc le franc de toutes les adjudications (1).

Il est aussi fourni à l'adjudicataire, dans cinq jours, à la suite d'un exemplaire complet du cahier des charges, un extrait du procès-verbal de son adjudication et du cautionnement. Cette expédition, pour chaque lot adjugé, est payée 3 francs, outre les droits de timbre et d'enregistrement (2).

Il est aussi fourni à l'adjudicataire, à ses frais, dans la quinzaine de son adjudication, une expédition du procès-verbal d'assiette de sa coupe, avec le plan.

Chacune de ces expéditions, le plan compris, est payée à l'arpenteur six francs pour chaque coupe de dix hectares et au-dessus, et quatre francs pour une coupe d'une contenance de moins de dix hectares (3).

____

(1) Cahier des charges générales de 1812, art. 11.

(2) *Ibid.*, art. 13.

(3) Décision du ministre des finances, du 7 octobre 1806, insérée dans une circulaire du 28 du même mois, n° 344.

Nature des paiemens du prix principal.

Le prix principal de chaque adjudication est payable en quatre termes égaux (1).

Le premier échoit le 31 mars qui suit la vente.

Le second le 30 juin.

Le troisième le 30 septembre.

Le quatrième le 31 décembre (2).

Dans les dix jours de l'adjudication, chaque adjudicataire fournit au receveur du domaine impérial quatre traites, chacune du quart du prix principal de l'adjudication. Lesdites traites sont souscrites au profit du receveur général des contributions directes du département, et payables à son domicile, aux époques ci-dessus prescrites (3).

Quelquefois par l'effet des renonces successives, il ne se trouve d'adjudicataire définitif pour certaines coupes de bois, que plusieurs mois après la première adjudication. Si

---

(1) Circulaire du ministre des finances adressée à MM. les préfets, le 21 ventose an IX.

(2) Cahier des charges générales de 1812, art. 5.

(3) Arrêté du Gouvernement, du 5 thermidor an V, art. 3. — Décision de S. Exc. le ministre des finances, du 20 brumaire an XIV.

cette adjudication est devenue définitive avant
le tems de la sève, où les coupes sont inter-
dites, l'adjudicataire doit fournir des traites
payables dans les tems fixés par le cahier des
charges; mais s'il le devient postérieurement
à cette époque, ne pouvant alors commencer l'exploitation que l'année suivante, il doit
être traité comme adjudicataire de cette année, en payant toutefois, suivant l'estimation
des officiers forestiers, la feuille dont le bois
a profité; le montant de laquelle estimation
est réunie au principal dans les obligations à
souscrire (1).

En cas de retard de paiement desdites traites
ou du versement des sommes exigibles en
numéraire, les receveurs sont autorisés à exiger
des adjudicataires de bois, l'amende du vingtième des sommes non acquittées à leur
échéance (2).

Les receveurs généraux poursuivent en leur
nom, tant contre l'obligé principal, que contre
sa caution et certificateur de caution, le

---

(1) Décision du ministre des finances rapportée
dans une circulaire du 4 février 1806, n° 309.

(2) Arrêté du Gouvernement, du 17 frimaire an XI,
art. 5.

paiement desdites traites, par les mêmes voies que la régie de l'enregistrement était autorisée à employer (1).

Dans le cas où l'une des traites n'est pas acquittée à son échéance, le receveur général en donne avis à l'agent forestier local, qui prend des mesures pour que les bois de la coupe ne soient pas enlevés frauduleusement; leur saisie doit assurer au trésor public le recouvrement de ce qui lui est dû (2).

Mesures prises pour assurer l'exécution des Clauses des Ventes.

Chaque adjudicataire est tenu de donner, dans les cinq jours qui suivent celui de la vente, bonne et valable caution et certificateur de caution, lesquels peuvent être certifiés, si le cas y échoit, et s'obligent solidairement avec lui à toutes les charges et conditions de l'adjudication, et aux dommages, restitutions et amendes qu'aurait encourus l'adjudicataire (3).

(1) Cahier des charges générales de 1812, art. 7.

(2) Circulaires des 24 juillet et 20 août 1811, n° 447 et 450.

(3) Ordonnance de 1669, tit. XV, art. 29. — Cahier des charges de 1812, art. 27.

Ce délai de cinq jours ne commence à courir que du lendemain de l'adjudication (1).

Ces caution et certificateur ne peuvent être reçus que du consentement du receveur général du département ou de son fondé de pouvoir, et du receveur du domaine impérial; en cas de contestation, il y est statué par le préfet (2).

L'acte de cautionnement est passé au secrétariat du lieu de la vente (3).

L'adjudicataire qui n'a pas fourni caution et certificateur de caution, dans le délai ci-dessus prescrit, est déchu de plein droit de son adjudication; en ce cas, le receveur du domaine fait signifier, dans le sixième jour, au pénultième enchérisseur, qu'elle lui est dévolue, et poursuit le paiement de la folle enchère contre l'adjudicataire déchu, ainsi que de sa part des frais de l'adjudication (4).

Si, par suite des renvois successifs, la vente retourne à l'adjudicataire ainsi déchu, il ne

(1) Circulaire du 28 floréal an XI, n° 144.
(2) Décret impérial du 11 thermidor an XII, art. 6.
(3) Ordonnance de 1669, tit. XV, art. 29.
(4) *Ibid.*, art. 30.

lui est accordé que vingt-quatre heures pour
déclarer s'il accepte et pour fournir caution
et certificateur de caution ; à défaut de quoi
il est tenu de payer la folle enchère , sans
autre répétition à sa charge ; et la vente passe
de plein droit au précédent enchérisseur ,
sur la notification qui en est faite à celui-ci
par le receveur du domaine (1).

Tout enchérisseur qui n'a pas renoncé à
la vente dans les vingt-quatre heures , conformément à l'ordonnance de 1669 , est tenu
au paiement du droit d'enregistrement dans
les vingt jours de renvoi (2).

Chaque adjudication est signée sur-le-champ
par tous les fonctionnaires publics présens , et
par l'adjudicataire ou son fondé de pouvoir (3).

Si l'adjudicataire ou son fondé de pouvoir
se trouve absent au moment de la signature ,
il en est fait mention au procès-verbal d'adjudication , et cette mention tient lieu de sa
signature (4).

------

(1) Cahier des charges générales de 1812 , art. 3o.

(2) *Ibid.,* art. 31.

(3) Ordonnance de 1669 , tit. XV, art. 28.

(4) Cahier des charges générales de 1812 , art. 33.

Tout procès-verbal d'adjudication emporte exécution parée, et la contrainte par corps contre les adjudicataires, leurs cautions, certificateurs de cautions et autres coobligés, tant pour le paiement du prix principal de l'adjudication, que pour accessoires et frais (1).

Renseignemens et États à fournir à l'Administration de la part des Officiers Forestiers.

Immédiatement après la clôture de chaque adjudication, le conservateur adresse à l'administration une note sommaire, mais exacte, de leurs produits, ayant soin d'y distinguer le prix principal des ventes d'avec le décime pour franc, payé par les adjudicataires (2).

Indépendamment de ces notes successivement envoyées, les conservateurs doivent adresser à l'administration, dans le mois qui suit la clôture des ventes, un état général conforme au modèle n° XXI, sauf à lui à fournir ensuite un état supplémentaire pour les ventes extraordinaires ou de chablis, qui pour-

______

(1) Ordonnance de 1669, tit. XV, art. 27.

(2) Circulaires des 20 fructidor an XII, n° 231; 16 vendémiaire an XIV, n° 284; et 15 septembre 1807, n° 361.

raient avoir lieu postérieurement à la formation
de l'état général (1).

Le conservateur envoie aussi dans le même
délai, un état des coupes qui sont restées in-
vendues, dans lequel il énonce la consistance
de chaque coupe dont la vente a été renvoyée,
sa valeur approximative, distinguant l'ordinaire de l'extraordinaire, et indiquant les
causes qui se sont opposées à la vente (2).

Il est bon d'observer en passant qu'une
coupe restée invendue doit être remise en vente
pour l'ordinaire suivant, et que l'on ne peut
y joindre celle qui vient en tour d'exploitation, sans une autorisation du Gouvernement (3).

Enfin, l'administration désirant avoir une
connaissance exacte des opérations de chaque
exercice, se fait remettre, par les conserva-

---

(1) Ordonnance de 1669, tit. IV, art. 10. — Loi
du 29 septembre 1791, tit. LXIX. article 26. —
Instruction du 7 prairial an IX, § I, art. 21. —
Circulaire du 23 vendémiaire an XI, n° 116.

(2) Circulaire du 8 germinal an X, n° 81. —
Autre circulaire du 5 nivose an XI, n° 122.

(3) Lettre de l'administration, du 29 messidor an IX,
n° 20,

teurs , un état comparatif des quantités de bois dont elle a autorisé la coupe , et de celles qui ont été vendues. Le modèle de cet état se trouve sous le n° XXII (1).

Tous ces états, destinés à servir de base au compte général que l'administration rend au Gouvernement, doivent être fournis avec la plus scrupuleuse exactitude.

On doit principalement observer dans leur composition : 1° de placer chaque coupe sous le numéro par lequel elle est désignée dans l'état d'assiette, afin d'en faciliter la comparaison (2), 2° de ne porter dans la colonne des arbres destinés à être vendus, que ceux qui ne font point partie des bois exploités par contenance , afin d'éviter les doubles emplois (3); 3° de totaliser chacune des colonnes susceptibles de l'être , telles que celles des contenances des coupes et celles des quantités d'arbres vendus (4).

---

(1) Circulaire du 14 floréal an XII, n° 206.
(2) Lettre du 17 nivose an XI, n° 993.
(3) Circulaire du 14 floréal an XII, n° 206.
(4) Circulaire du 28 ventose an X, n° 75.

CHAPITRE IX.

Des Exploitations.

Il sera question daus ce chapitre : 1° des formalités à remplir de la part des adjudicataires avant de commencer l'exploitation ; 2° du tems de la coupe et de la vidange ; 3° de la manière d'exploiter ; 4° des réserves ; 5° des mesures législatives tendantes à prévenir les abus ; 6° des travaux accessoires des exploitations.

Formalités à remplir avant de commencer la Coupe.

L'adjudicataire ne peut rien entreprendre dans la coupe vendue, sans avoir obtenu de l'inspecteur un permis d'exploiter (1), à peine d'être poursuivi comme délinquant (2).

---

(1) Ordonnance de François Ier, de l'année 1515, art. 33.

(2) Cahier des charges générales de 1812, art. 35.

Ce permis, que l'on appelait autrefois *billet de consentement*, ou *lettre d'afforestement*, ne se délivre à l'adjudicataire que lorsqu'il a exhibé 1° l'extrait en forme du procès-verbal d'adjudication (1) ; 2° l'expédition du plan et du procès-verbal d'assiette de la coupe ; 3° un extrait de la prestation de serment du garde-vente, dont il sera parlé plus bas, et le registre et le marteau dont ce dernier doit être pourvu (2) ; 4° le certificat du receveur du domaine impérial, portant que l'adjudicataire a fourni son cautionnement (3), et les traites acceptées, et qu'il a satisfait aux paiemens échus, ensemble aux frais d'adjudication. Ce certificat doit être enregistré en marge de l'adjudication ; l'inspecteur y appose son visa (4).

L'adjudicataire remet ce permis au sous-inspecteur ou au garde général, et il le prévient du jour où il se propose de placer des ouvriers dans la vente (5).

---

(1) Circulaire du 29 prairial an XIII, n° 267.

(2) Cahier des charges générales de 1812, art. 45.

(3) Ordonnance de 1669, tit. XV, art. 36.

(4) Cahier des charges générales de 1812, art. 35.

(5) *Ibid.*, art. 36.

Les cessionnaires et rétrocessionnaires ne peuvent exploiter leurs bois qu'après avoir représenté au sous-inspecteur ou au garde général extrait de leur rétrocession (1).

Avant l'exploitation, chaque adjudicataire peut faire procéder, à ses frais, en présence d'un officier forestier et du garde du triage, par deux experts, l'un à son choix, l'autre au choix dudit officier, à la reconnaissance des délits qui pourraient avoir été commis dans les ventes et à l'ouïe de la cognée, fixée à la distance de 366 mètres pour la futaie, et 183 mètres pour le taillis.

Il en est dressé un procès-verbal particulier, pour y avoir recours lors du récolement.

Ce procès-verbal constate le nombre des souches qui ont été trouvées, leur qualité et grosseur, et elles sont marquées du marteau de l'officier forestier (2).

L'adjudicataire, après l'exploitation commencée, n'est plus admis à requérir de visite ni de souchetage, ni à prouver que les arbres

____

(1) Cahier des charges générales de 1812, art. 41.

(2) Ordonnance de 1669, tit. XV, art. 50.

qui y ont été coupés aux environs, l'ont été an-
térieurement à son adjudication (1),

Chaque adjudicataire est tenu d'avoir un
facteur ou garde-vente, qui sera agréé par l'inspecteur ou le sous-inspecteur local; au cas de
contestation, il en est référé à l'agent forestier
supérieur. Ce facteur ou garde-vente est ensuite reçu par le juge de paix (2).

Ce garde ne peut être parent ou allié de
ceux du triage ou du sous-inspecteur (3).

Il ne peut, en aucun tems, s'absenter de la
vente (4).

Il est autorisé à faire des rapports, tant dans
la vente, qu'à l'ouïe de la cognée (5).

Il tient un registre sur papier timbré, coté
et paraphé par le sous-inspecteur; il y inscrit,
jour par jour, et sans lacune, la mesure et la
quantité des bois débités ou vendus, avec les
noms et demeures des personnes auxquelles il
en a été livré (6).

---

(1) Arrêt de la cour de cassation, du 20 juillet
1810.—Cahier des charges générales de 1812, art. 40.

(2) Ordonnance de 1669, tit. XV, art. 37. —
Cahier des charges générales de 1812, art. 42.

(3) Cahier des charges générales de 1812, art. 42.

(4) *Ibid.*

(5) Ordonnance de 1669, tit. XV, art. 39.

(6) *Ibid.*, art. 37.

Ce registre est représenté aux agens fores-tiers, visé et arrêté par eux, toutes les fois qu'ils le requièrent (1).

Tout adjudicataire de futaie est en outre tenu d'avoir, pour chaque vente, un seul marteau, dont sont marqués les bois qui en sortent (2).

Ce marteau a la forme triangulaire (3).

Dans la même forêt, il ne peut y avoir deux empreintes semblables. (4).

L'empreinte est déposée chez le sous-inspecteur (5) et au greffe (6) du tribunal de l'arrondissement, où le marteau est rapporté et brisé après l'exploitation finie (7).

Dans les coupes de taillis de peu d'étendue, l'adjudicataire peut présenter pour garde-vente un de ses ouvriers, qui est assermenté et autorisé à faire des rapports (8).

---

(1) Cahier des charges générales de 1812, art. 42.
(2) Ordonnance de 1669, tit. XV, art. 37.
(3) Cahier des charges générales de 1812, art. 42.
(4) Ordonnance de 1669, tit. XV, art. 37.
(5) Cahier des charges générales de 1812, art. 42.
(6) Ordonnance de 1669, tit. XV, art. 37.
(7) Cahier des charges générales de 1812, art. 42.
(8) *Ibid.*, art. 44.

Tems de la Coupe et de la Vidange.

L'exploitation d'une coupe se compose de deux opérations: l'une qui a pour objet la coupe ou l'abattage du bois adjugé, l'autre qui consiste à vider la vente, c'est-à-dire, à en extraire et débiter les arbres abattus.

Les réglemens forestiers ont fixé le tems dans lequel devaient être commencées et terminées l'une et l'autre de ces opérations; et leurs dispositions se sont rapprochées autant qu'il est possible des lois de la nature.

Il est de fait généralement observé, que lorsque l'on a coupé un arbre dans le tems où la végétation est animée, sa sève s'extravase et que les racines s'épuisent, et perdent de la force qui leur est nécessaire pour pousser de nouveaux jets.

C'est d'après cette considération, qu'il est défendu aux adjudicataires de couper les bois en tems de sève ; les anciennes ordonnances faisaient commencer le tems de sève au 15 mai (1) ; des réglemens moins anciens, rendus en réformation, le portaient au dernier avril ; et

____

(1) Réglement de 1601, art. 24.

l'ordonnance de 1669 adoptant un terme moyen, a défendu de couper le bois après le 15 avril (1).

L'administration prescrit ce dernier terme pour l'entière coupe des bois taillis (2) ; elle permet néanmoins de prolonger la coupe des arbres jusqu'au 15 mai et celle des arbres à écorcer jusqu'au 15 juin (3).

Il n'est pas moins important de fixer aux adjudicataires le tems de la vidange. Si on laissait trop long-tems dans les coupes, le bois abattu et gissant, il empêcherait une partie des nouveaux jets de repousser, et le passage des hommes, des bestiaux et des charrettes n uiroit sensiblement à ceux qui seraient nés. Sous ces deux rapports, il est essentiel que la vidange se fasse peu de tems après la coupe; mais il est impossible de fixer d'une manière générale l'époque à laquelle les coupes doivent être vidées. Cette époque doit varier suivant l'étendue des coupes, la rareté des ouvriers, la difficulté des

____

(1) Ordonnance de 1669, tit. XV, art. 40.

(2) Cahier des charges générales de 1812, art. 49.

(3) *Ibid.*

débouchés et des moyens de transport ; aussi les anciennes ordonnances ont-elles laissé à l'arbitraire des officiers supérieurs des eaux et forêts le pouvoir de fixer aux adjudicataires le tems de la vidange (1) ; mais elles défendent à ces officiers d'accorder aucune prorogation du délai fixé par le cahier des charges (2).

C'est dans l'esprit de ces lois, que l'administration indique, d'une manière générale, le 15 septembre de l'année qui suit l'adjudication pour le terme auquel doivent être faites la traite et la vidange des taillis au-dessous de 25 ans, et celui du 15 avril suivant, pour les autres bois (3) ; mais l'administration autorise les conservateurs à fixer d'autres délais, par une clause particulière du cahier des charges, dans les endroits où le commerce du sabottage et des

----

(1) Ordonnance de François Ier, du mois de mars de l'année 1516, art. 8. — Ordonnance de 1669, tit. XV, art. 40.

(2) Ordonnance de Charles IX, de 1576, art. 38 ; de Charles VI, en mars 1388, art. 38 ; et en septembre 1402, art. 36 ; de François Ier, en 1515, art. 53 ; de Louis XIV, en 1669, tit. XV, art. 40.

(3) Cahier des charges générales de 1812, art. 49.

cercles, ou d'autres circonstances locales, en font sentir la nécessité (1).

Tout adjudicataire qui, pour causes majeures et imprévues, n'ayant pu achever la coupe ou la vidange dans le tems prescrit, aurait besoin d'un délai, est tenu d'en faire la demande à l'administration générale des eaux et forêts, par l'intermédiaire du conservateur, quarante jours au moins avant l'expiration dudit terme.

L'adjudicataire doit joindre une déclaration écrite et signée de lui, de la situation de la coupe à l'époque de sa pétition.

Les délais, soit de coupes, soit de vidange, ne sont accordés que d'après un procès-verbal de vérification dressé sur les lieux par les agens forestiers.

Les délais datent du jour de l'envoi, fait à l'inspecteur, de la décision qui les accorde, à moins que le terme n'en soit fixé par cette décision (2).

Les tribunaux ne peuvent proroger l'épo-

____

(1) Cahier des charges générales de 1812, art. 49.

(2) *Ibid.*, art. 50.

que fixée à un adjudicataire pour vider sa
vente (1).

Manière d'exploiter.

Chacun sait que les arbres forestiers, lorsqu'ils ne sont point restés sur pied jusqu'à
la décrépitude, poussent, après avoir été coupés, des jets par lesquels ils se renouvellent.
Ces nouveaux produits de la végétation sont
vigoureux, si la coupe a été faite près de
terre; alors la grande abondance de la sève
fait produire aux racines des jets, qui de-
viennent presque aussi précieux que les arbres venus par semences; au lieu que si le
bûcheron a laissé sur terre un tronc d'une
certaine élévation, c'est sur sa circonférence
que paroissent un grand nombre de rejets
faibles, et qui n'ayant d'autre base qu'un bour-
relet formé par la sève, sont sujets à s'écuisser sous le poids des neiges, du givre ou du
verglas, et au moindre choc causé soit par les
vents, soit par la rencontre de quelques corps
étrangers.

Il faut donc couper le plus près de terre
qu'il est possible, de manière que tous les anciens nœuds recouverts et causés par les der-

______

(1) Arrêt de la cour de cassation, du 9 février 1811.

nières coupes ne paraissent aucunement (1),
mais sans attaquer les racines (2).

J'observerai cependant que cette dernière
précaution est inutile dans les forêts d'arbres
résineux, attendu que cette espèce ne se re-
produit que par graines; elle est également
inutile dans l'exploitation des futaies surannées,
dont les racines épuisées n'ont plus la force
de produire de nouveaux jets; il convient
même dans ce cas d'obliger l'adjudicataire à
enlever la culée des arbres. Ce mode est avan-
tageux au marchand et au propriétaire ; au
premier, parce qu'il gagne sur chaque arbre
une longueur de plusieurs décimètres sur la
partie de l'arbre la plus précieuse; au second,
parce que l'enlèvement du pivot, en divisant
les racines, les rajeunit en quelque sorte et
les rend plus propres à la reproduction.

Lorsque la totalité de l'arrachis des arbres
vendus a été reconnue nécessaire, les adjudicataires doivent être autorisés ou obligés à
le pratiquer, par une clause expresse du
cahier des charges (3).

______

(1) Ordonnance de François 1er, de l'année 1516,
art. 3; et de Louis XIV, de l'année 1669, tit. XV, art. 42.
(2) Cahier des charges générales de 1812, art. 51.
(3) *Ibid.*

La hauteur de la coupe n'est point la seule chose que doivent observer les adjudicataires dans l'abatage. Il faut qu'il soit fait de manière que la souche présente le moins d'accès possible aux eaux pluviales, et que ses organes ne puissent être troublés par les météores. C'est pourquoi il est défendu aux marchands de couper les bois à la scie ou à la serpe (1), de les écuisser ni éclater (2), et il leur est ordonné de les couper en talus et à la cognée (3).

Ils doivent recéper et ravaler les souches et étocs des bois pelés et rabougris (4) ; cette opération, outre qu'elle a l'avantage de débarrasser le terrain de troncs qui y occupent des places inutiles, et présentent un coup d'œil désagréable, offre principalement celui de rendre à la végétation les souches qui ne sont point épuisées, et de fournir à la consommation une certaine quantité de combustibles. Il faut aussi enlever les épines, ronces,

____

(1) Ordonnance de François 1er, de l'année 1518. — Ordonnance de 1669, tit. XV, art. 44.

(2) *Ibid.*, art. 42.

(3) Cahier des charges générales de 1812, art. 51.

(4) Ordonnance de 1669, tit. XV, art. 45.

et autres arbustes nuisibles (1), ce qui s'appelle nettoyer la coupe. Ces plantes sont utiles lorsqu'il s'agit de favoriser la première croissance du semis des chênes ; mais il n'en est pas de même des pousses produites par les racines d'un bois exploité ; les abris ne leur sont point nécessaires, et la présence des ronces, des genets, des épines , ne peut que nuire au taillis, avec lequel ces plantes disputent le terrain et les influences de l'atmosphère. Le nettoyage est une opération reconnue si essentielle, que, dans certains arrondissemens, pour mieux s'assurer de son exécution, on ne permet aux adjudicataires de commencer l'exploitation de la coupe qu'après l'avoir nettoyée ; ce qui donne lieu à une clause particulière du cahier des charges.

Les ventes doivent être coupées à tire-aire (2), c'est-à-dire que l'adjudicataire doit commencer à un bout et finir à l'autre , sans rien laisser en arrière , afin que l'exploitation soit plus régulière, plus facile à surveiller, et que ses nouveaux produits aient une croissance plus égale.

____

(1) **Cahier des charges générales** de 1812 , art. 51.
(2) *Ibid.*

Il est expressément défendu aux adjudicataires, ainsi qu'à leurs voituriers, ouvriers, préposés et autres personnes à leur solde, de faire ni laisser paître leurs chevaux et bestiaux dans les ventes ni les forêts, même d'y introduire les bêtes à cornes, sans être muselées, à peine de confiscation desdits chevaux et bestiaux, et de toutes pertes, dommages-intérêts et amendes (1).

Dans les cas où les adjudicataires n'exploiteraient pas leurs coupes conformément au cahier des charges et aux dispositions des ordonnances et réglemens forestiers, ils peuvent y être contraints aussitôt le délit constaté, sans qu'il soit besoin d'attendre le récolement (2).

Il est libre à l'adjudicataire de donner aux bois de sa vente la destination qui lui paraît la plus avantageuse, en se conformant néanmoins, pour leurs dimensions, à ce qui est prescrit par les lois et réglemens. L'adjudicataire ne peut néanmoins, ainsi qu'il a été déjà dit, peler ni écorcer aucun des arbres

----

(1) Cahier des charges générales de 1812, art. 78.

(2) *Ibid.*, art. 52.

de la vente , à moins qu'il n'y ait été autorisé par une clause expresse du procès-verbal
d'adjudication (1).

La traite du bois se fait par les chemins
ordinaires des ventes, sans pouvoir en pratiquer de nouveaux, sous les peines portées
par la loi (2).

Réserves.

Les adjudicataires sont tenus de réserver
les arbres d'assiette, pieds corniers, tournans,
témoins, parois et arbres de lisière, tous les
arbres anciens et modernes, ainsi que les baliveaux de l'âge, marqués de l'empreinte du
marteau impérial (3), dont le nombre et l'essence se trouvent désignés au procès-verbal
de balivage et martelage , et sont rappelés au
procès-verbal d'adjudication (4).

Dans les jeunes taillis où les baliveaux de
l'âge n'auraient pu , à cause de leur faiblesse,
recevoir l'empreinte du marteau , l'adjudica-

___

(1) Ordonnance de 1669, tit. XXVII, art. 28. —
Cahier des charges générales de 1812 , art. 51.

(2) Cahier des charges générales de 1812 , art. 76.

(3) Ordonnance de 1669, tit. XVI, art. 10.

(4) Cahier des charges générales de 1812 , art. 54.

taire doit être obligé d'en réserver cinquante par hectare en brins de semence, ou de pied, à défaut de la première espèce (1).

Il ne peut, dans aucun cas, et sous quelque prétexte que ce soit, leur être délivré aucun des arbres de reserve, quand même il s'en trouverait un nombre excédant celui porté aux procès-verbaux de martelage et d'adjudication (2).

L'adjudication faite, ils ne sont plus reçus à réclamer pour aucun manque d'arbres (3).

Ils sont tenus de représenter tous les baliveaux et arbres réservés, lors même qu'ils seraient cassés ou renversés par les vents ou par d'autres accidens (4).

Si les arbres étaient ainsi abattus pendant l'exploitation, les adjudicataires sont obligés d'en avertir sur-le-champ les officiers forestiers, pour en être marqué d'autres en réserve, et il en est dressé procès-verbal (5).

Dans aucun cas, les arbres abattus ne peu-

------

(1) Cahier des charges générales de 1812, art. 54.
(2) *Ibid.*
(3) *Ibid.*
(4) Ordonnance de 1669, tit. XV, art. 46.
(5) *Ibid.*

vent être donnés à l'adjudicataire, en compensation de ceux marqués en remplacement. Ils doivent être marqués comme chablis, et vendus en la forme ordinaire; et il est fait estimation, à dire d'experts, des arbres nouvellement marqués en réserve, pour rendre indemne l'adjudicataire, s'il y a lieu (1).

Les adjudicataires doivent faire ensorte que les arbres de réserve ne soient point endommagés par la chute de ceux à abattre. S'il s'en trouvait qui fussent encroués, il n'est permis d'en disposer qu'après la reconnaissance d'un officier forestier, qui évalue l'indemnité à payer (2).

Cette indemnité ne pourra être moindre de 30 francs pour l'arbre moderne, et 60 fr. pour l'arbre ancien. Si l'arbre endommagé peut encore profiter, l'agent forestier réglera le dommage (3).

L'adjudicataire ou son facteur en signe le procès-verbal, qui est ensuite remis au receveur du domaine impérial, pour le recouvrement (4).

____

(1) Cahier des charges générales de 1812, art. 54.
(2) Ordonnance de 1669, tit. **XV**, art. 55.
(3) Cahier des charges générales de 1812, art. 55.
(4) *Ibid.*

Mesures législatives tendantes à prévenir les Abus.

Les adjudicataires ne peuvent, sous aucun prétexte, donner aucun bois en paiement à leurs ouvriers, et ceux-ci ne peuvent en emporter, à peine d'être poursuivis suivant la rigueur des lois (1).

Il leur est aussi défendu, et à leurs ouvriers, de ramasser des feuilles et semis (2).

Les adjudicataires ne peuvent prendre de harts pour lier le bois de débit, que dans les coupes qui leur sont adjugées. S'il est reconnu qu'elles ne peuvent en produire suffisamment, il peut leur en être accordé dans les triages au-dessous de six ans, par l'inspecteur, sur estimation, dont il sera dressé procès-verbal, et les ouvriers seront acceptés par lui (3).

Pour éviter les outre-passes et faciliter le réarpentage, on oblige les adjudicataires à entretenir et recéper les laies ou tranchées et à faire enlever le bois qui tombe dans lesdites laies (4).

----

(1) Ordonnance de 1669, tit. XXVII, art. 26.

(2) Cahier des charges générales de 1812, art. 56.

(3) *Ibid.*, art. 57.

(4) *Ibid.*, art. 55.

(221)

Il ne peut être établi aucune faude ou fourneau pour charbon, qu'aux endroits qui ont été indiqués sur le terrain par un agent forestier, et désigné par la marque de son marteau à l'arbre le plus voisin.

Il doit être dressé procès-verbal du nombre et du placement de ces faudes ou fourneaux, qui seront établis de préférence sur les anciennes places ou sur des places vagues (1).

Il est défendu à tous adjudicataires, leurs facteurs et ouvriers, d'allumer, sous quelque prétexte que ce soit, du feu ailleurs que dans leurs loges et ateliers.

Ces loges et ateliers sont désignés par les agens forestiers (2).

Les adjudicataires sont personnellement responsables de toute contravention à cet égard, et de tout dommage qui pourrait en résulter (3).

Les adjudicataires, pendant toute la durée de leur exploitation, et jusqu'à ce qu'ils en

____

(1) Ordonnance de 1669, tit. XXVII, art. 22. — Cahier des charges générales de 1812, art. 45.

(2) *Ibid.*, art. 46.

(3) *Ibid.*

aient obtenu leur décharge, sont responsables de tout délit forestier commis dans leurs ventes, et à l'ouïe de la cognée, si leurs facteurs ou gardes-vente, n'en font leurs rapports (1), lesquels doivent être affirmés et enregistrés. La remise en est faite dans les cinq jours au garde général, par la voie du garde du triage (2).

Ces rapports ne peuvent servir de décharge aux adjudicataires, qu'autant qu'ils indiquent les délinquans (3).

Lesdits adjudicataires ne peuvent, sous la même responsabilité, chasser ni laisser chasser leurs facteurs et ouvriers dans les forêts (4).

Ils ne peuvent déposer dans leurs ventes d'autres bois que ceux qui en proviennent, sous peine de confiscation de la totalité de la vente (5).

Ils ne peuvent également faire aucuns travaux ni enlèvemens avant le lever et après le

---

(1) Ordonnance de 1669, tit. XV, art. 41.

(2) Cahier des charges générales de 1812, art. 47.

(3) *Ibid.*

(4) *Ibid.*

(5) Ordonnance de 1669, tit. XV, art. 40.

coucher du soleil, ni les jours de dimanches et fêtes (1).

Ils sont civilement responsables de leurs commis, charretiers, pâtres et domestiques.

Travaux accessoires de l'Exploitation.

Les anciennes ordonnances obligeaient les adjudicataires de faire des fossés et de les planter de haies vives, non seulement le long des routes et des grands chemins, mais même tout autour de leurs ventes; mais cela occasionnait quelquefois de grands frais qui réduisaient sensiblement le prix des ventes. On ne charge plus les adjudicataires que de certains travaux d'entretien, qui consistent :

A curer à vif-fond et aligner tous les fossés, sangsues, rigoles, glacis et laies qui se trouvent dans l'intérieur et au pourtour de leurs ventes, conformément au procès-verbal dressé par les agens forestiers, lors du martelage ;

A tenir les chemins libres dans les ventes, de manière que les voitures puissent y passer librement en tout temps;

-----

(1) Ordonnance de 1669, tit. XXXII, art. 7.

A remplir les trous des scieurs et des ateliers ;

A faire fouir, repiquer et résimer les places des faudes et des fourneaux ;

A rétablir et réparer les routes, ponts, ponceaux, bornes, barrières et pierrées endommagées ou détruites par le passage de leurs voitures et le transport de leurs bois.

Faute par eux de représenter, lors du récolement, tous ces objets bien réparés, les travaux en sont exécutés à leurs frais, à la poursuite et diligence des agens forestiers.

Les adjudicataires se soumettent , par le cahier des charges générales, à en payer le montant aux ouvriers sur simple mémoire visé par lesdits agens (1).

Si, dans quelques circonstances, on oblige l'adjudicataire à un ouvrage extraordinaire, tel que le creusement d'un nouveau fossé de clôture, il doit en être fait une clause expresse au cahier des charges.

---

(1) Cahier des charges générales de 1812, art. 77.

CHAPITRE X.

DES DROITS ET DEVOIRS DES ADJUDICATAIRES, RELATIVEMENT AUX BOIS PROPRES A LA MARINE, A LA FABRICATION DES POUDRES ET AU SERVICE DE L'ARTILLERIE.

Arbres destinés aux Constructions navales.

LES arbres marqués pour la marine dans les coupes assises, suivant les procès-verbaux des agens en cette partie, et conformément à l'indication faite dans l'affiche des ventes, font parties des adjudications (1), aux clauses, charges et conditions suivantes.

Ces arbres sont conservés par les adjudicataires pour le service auquel ils sont destinés.

(1) Ordonnance de 1669, tit. **XXI**, art. 1er.—Arrêt du conseil, du 21 septembre 1700, art. 1 et 2.

Il ne peut en être distrait aucun, sous les peines portées par les lois (1).

Les adjudicataires sont tenus de faire abattre et équarrir, sous l'inspection des agens de la marine, les arbres ci-dessus désignés (2).

Ces arbres sont conduits, aux frais desdits adjudicataires, au port de la rivière flottable la plus voisine, ou au lieu du dépôt qui leur est indiqué ; la distance à parcourir depuis la coupe jusqu'au lieu du dépôt, quel qu'il soit, ne sera pas de plus de trois myriamètres et demi (sept lieues anciennes) (3).

L'abattage des arbres destinés à la marine doit toujours être fait avant le 15 avril; l'équarrissage immédiatement après.

A l'époque de la vidange de la coupe, les arbres ou pièces de marine non rendus au dépôt ou port flottable, seront saisis et confisqués dans tels lieux qu'ils se trouvent, à moins que le défaut de transport ne provienne de force majeure dûment constatée (4). Il ne peut être

____

(1) Arrêté du Gouvernement, du 28 floréal an XI, art. 7 et 15.

(2) Décision du ministre de la marine et des colonies, du 30 floréal an XIII.

(3) Cahier des charges générales de 1812, art. 60.

(4) *Ibid.*

délivré de congé de cour qu'autant que les charges relatives à la marine auront été entièrement remplies (1).

Pour éviter aux adjudicataires les dépenses d'équarrissage et de transport sur des arbres qui présenteraient des vices après l'abattage et l'ébranchement, il doit être fait par les agens de la marine, d'après les ordres généraux donnés par le ministre de ce département, deux visites des arbres dont il s'agit ; la première après l'abattage, la seconde après l'équarrisage (2).

Ces agens font parvenir aux directeurs d'artillerie un état indiquant le nombre et les dimensions des pièces rebutées ; les directeurs de l'artillerie choisissent parmi ces bois ceux qui peuvent convenir à leur service (3). Il est ensuite donné main-levée des arbres restans aux adjudicataires, qui peuvent alors en disposer à leur gré. Cette main-levée doit être

(1) Circulaire du 30 juillet 1811, n° 448.

(2) Décision du ministre de la marine et des colonies, du 30 floréal an XIII. — Cahier des charges générales de 1812, art. 61.

(3) Décision du ministre de la marine et des colonies, du 27 décembre 1810.

15.

donnée par un acte qui constate la quantité et l'espèce des arbres; les contre-maîtres doivent en informer les officiers forestiers (1), qui, chargés d'exercer en cette partie une surveillance active, peuvent marquer de leur marteau les pièces qui leur paraîtront avoir été mal-à-propos rebutées, et en demander une nouvelle visite, qui doit s'effectuer dans le délai d'un mois (2).

Les bois de bonne qualité étant rendus sur un port flottable ou au lieu de dépôt, sont livrés par l'adjudicataire au fournisseur de l'arrondissement, et payés par ledit fournisseur au stère (vingt-neuf pieds deux pouces cubes anciens), d'après l'état détaillé de réception livré à l'adjudicataire; savoir :

	fr.	c.
Le stère de la première espèce.	48	18
Celui de la deuxième espèce. .	40	88
Celui de la troisième espèce. .	33	58
Celui de la quatrième espèce, comprenant les bois de brins destinés au service de l'artillerie.	30	»

---

(1) Décision du ministre de la marine et des colonies, rapportée dans une circulaire du 22 mai 1806, n° 316.

(2) Circulaire du 4 septembre 1811, n° 454. — Dé-

Il est ajouté à ces prix une prime d'encou-
ragement pour chaque stère de courbes livré
à la marine (1) ; savoir :

	Pour les ports de l'OCÉAN.	Pour le port de TOULON.
	fr. cent.	fr. cent.
Première espèce.	32 »	14 »
Deuxième espèce	21 »	10 »
Troisième espèce	10 »	7 »

Il est également ajouté trois francs par
stère et par chaque demi-myriamètre (cinq
kilomètres ou lieue ancienne) de distance au
port flottable ou au lieu de dépôt au-dessus
de deux myriamètres et demi ; en sorte que
si les bois parcourent trois myriamètres, on
ajoute au prix ci-dessus trois francs par chaque
stère ; si la distance est de trois myriamètres
et demi, le supplément du prix est de six
francs par stère (2).

---

cision du ministre des finances, contenue en une lettre
du 28 août 1810, n° 3595.

(1) Arrêté du Gouvernement, du 25 vendémiaire
an XI , art. 5.

(2) Cahier des charges générales de 1812 , art. 62.

On ne peut apporter aucun obstacle au passage des bois de marine dans les pertuis et écluses établis sur les rivières navigables et flottables. Lorsqu'ils se présentent avec les bois appartenant à des particuliers, la préférence leur est accordée (1).

Les fournisseurs de la marine et de l'artillerie payent comptant aux adjudicataires le prix des bois que ces derniers leur ont livrés; savoir : un quart en numéraire au moment de la livraison sur le port flottable ou au lieu de dépôt, et les trois autres quarts par tiers en lettres de change de trois, six et neuf mois d'échéance (2).

Si les lettres de change délivrées aux adjudicataires par les fournisseurs pour raison des bois de marine ne sont pas acquittées à leur échéance, lesdits adjudicataires peuvent se pourvoir auprès du ministre de la marine; ils doivent, à cet effet, joindre à leur demande les traites protestées, ainsi qu'un certificat de

____

(1) Arrêté du Gouvernement, du 28 floréal an XI, art. 6.

(2) *Ibid.*, art. 8.—Décision du ministre des finances, du 10 fructidor an XIII, rapportée dans la circulaire du 30 du même mois, n° 279.

l'officier du génie maritime, constatant les quantités de bois fournies par espèce ; ils sont payés du montant de leur livraison sur le vu de ces pièces, sans pouvoir être admis à raison de ces réclamations à aucun sursis, ni à compenser ces sommes avec le montant de leurs traites (1).

Lorsque les bois marqués avant l'adjudication ont été conduits au lieu de dépôt, et que l'adjudicataire en a prévenu l'officier du génie maritime, s'il s'est écoulé six mois depuis l'époque du transport sans que les fournisseurs aient pris livraison des bois et rempli envers l'adjudicataire les conditions ci-dessus portées ; celui-ci peut en disposer à son gré, sauf à justifier d'une manière légale, que le délai de six mois, dont il vient d'être parlé, est réellement écoulé (2).

Si dans le cours des exploitations, les agens de la marine reconnaissent des arbres propres

––––––––––––

(1) Arrêté du Gouvernement, du 28 floréal an XI, art. 9. — Cahier des charges générales de 1812, art. 64.

(2) Décision du ministre des finances rapportée dans une circulaire du 28 fructidor an XII, n° 233. — Cahier des charges générales de 1812, art. 66.

aux constructions, et qui n'auraient pas été marqués, ils en opèrent le martelage (1).

Mais les dispositions qui précèdent ne s'appliquent point à ces arbres ainsi martelés après l'adjudication. Les adjudicataires ont la faculté d'en régler le prix de gré à gré avec le fournisseur, ou à dire d'experts; lesquels, s'ils ne s'accordent pas, en choisissent un troisième pour les départager (2).

Un an après l'adjudication, à partir de sa date, si les fournisseurs n'ont pas traité du prix des bois marqués après l'adjudication, pour le service de la marine, il est libre à l'adjudicataire d'en disposer à son gré (3).

Indépendamment des arbres destinés pour les constructions navales, ceux marqués pour merrains de marine avant l'adjudication, sont également réservés par l'adjudicataire (4).

____

(1) Arrêté du Gouvernement, du 28 floréal an **XI**, art. 5.—Cahier des charges générales de 1812, art. 65.

(2) Décision du ministre des finances, rapportée dans une circulaire du 28 floréal an **XII**, n° 233. — Cahier des charges générales de 1812, art. 65.

(3) *Ibid.*

(4) Décision du ministre de la marine et des colonies, du 20 septembre 1806, rapportée dans une circulaire du 20 du même mois, n° 559, art. 1.

Les arbres destinés à la fabrication des merrains, sont mesurés en grume, au milieu de leur longueur; le cinquième de la circonférence étant déduit, le quart du surplus forme le côté du carré d'après lequel la pièce sera cubée (1).

Tous les arbres marqués pour merrains sont classés dans la seconde espèce du tarif, et payés à raison de 40 francs 88 centimes le stère ; la livraison en est faite dans la forêt ; et par ce motif, on a réduit sur le prix ci-dessus autant de fois 3 francs par stère qu'il y a de demi-myriamètres du lieu de l'exploitation au bord de la rivière, ou au lieu de dépôt déterminé par le cahier des charges, sans que cette diminution puisse excéder 15 francs par stère (2).

Les arbres marqués pour merrains par la marine, avant l'adjudication, étant abattus, le contre-maître fait choix de ceux propres au service, et il en dresse un état; le fournisseur est tenu de prendre livraison de ces

____

(1) Décision du ministre de la marine et des colonies, du 20 septembre 1806 , rapportée dans une circulaire du 20 du même mois , n° 359, art. 1.

(2) *Ibid.*, art. 3.

derniers arbres et de souscrire ses engage-
mens envers l'adjudicataire, conformément à
ce qui a été dit plus haut pour les arbres de
construction navale (1).

Les arbres de merrain rebutés, restent à
la disposition de l'adjudicataire (2).

L'un des officiers forestiers locaux, ou le
garde général du cantonnement, constate,
par procès-verbal, l'époque de l'abattage des
arbres marqués pour merrains, et remet expédition de cet acte à l'adjudicataire ; si quatre
mois après l'abattage, le fournisseur n'a pas
traité avec l'adjudicataire, celui-ci est autorisé à disposer à son gré des arbres ainsi marqués (3).

Lorsque le fournisseur a traité avec l'adjudicataire, ce dernier est tenu de faire sortir de la forêt les arbres pour merrains, et
de les déposer dans un lieu convenable, afin
d'éviter par-là qu'il y ait deux exploitations
dans la vente.

---

(1) Décision du ministre de la marine et des colonies, du 20 septembre 1806, rapportée dans une circulaire du 20 du même mois, n° 539, art. 1.

(2) Cahier des charges générales de 1812, art. 71.

(3) *Ibid.*, art. 72.

Dans tous les cas, si le fournisseur et l'adjudicataire le préfèrent, ils peuvent traiter de gré à gré pour la fourniture des merrains.

Il ne peut être délivré de congé de cour qu'autant que les charges relatives à la marine ont été entièrement remplies, et que l'adjudicataire est muni d'un acte du contre-maître, constatant : 1° le nombre d'arbres rebutés avant et après l'équarrissage ; 2° le nombre et le cubage en stère des arbres livrés au lieu du dépôt.

Cette déclaration, que l'inspecteur garde pardevers lui, est comparée aux différens martelages ; s'il y a enlèvement d'arbres ou de pièces de marine par connivence, ou par suite de rebut irrégulier, l'adjudicataire est constitué en délits et poursuivi conformément aux lois (1).

Les inspecteurs fournissent au conservateur l'état des livraisons faites par les adjudicataires aux fournisseurs de la marine ; ces états sont transmis à l'administration par le conservateur au fur et mesure qu'il les reçoit (2).

----

(1) Cahier des charges générales de 1812, art. 60.
(2) Circulaire du 9 novembre 1811, n° 459.

Bois employés dans la fabrication des Poudres.

Les adjudicataires sont tenus de faire mettre à part tout le bois de bourdaine de trois, quatre et cinq ans de crue, qui se trouve dans leurs ventes, et d'en faire faire des bottes ou bourrées de deux mètres de longueur sur un mètre cinquante centimètres de grosseur (1).

Le prix en est payé directement aux adjudicataires par les administrateurs des poudres, à raison de 5o centimes par chaque botte ou bourrée (2).

Bois propres au service de l'Artillerie.

Les ateliers d'artillerie ont le même privilége sur les bois que celui dont jouissent les ateliers de la marine ; à cet effet, l'artillerie fait marquer dans toutes les forêts impériales les bois qui lui sont nécessaires, et les paye aux soumissionnaires au même prix, et de la même manière qu'il est d'usage pour le service de la marine (5).

––––––––––

(1) Cahier des charges générales de 1812, art. 6.

(2) Arrêt du conseil du 25 juillet 1748.

(5) Décret impérial du 15 septembre 1809.—Cahier des charges générales de 1812, art. 67.

Les arbres marqués pour l'artillerie avant l'adjudication sont également réservés par l'adjudicataire, mais ils sont mesurés et transportés en grume de la même manière qu'il est dit plus haut pour les merrains de marine (1).

____

(1) Décret impérial du 15 septembre 1809.—Cahier des charges générales de 1812, art. 68 et 69.

CHAPITRE XI.

Des Opérations qui doivent avoir lieu après l'usance des Coupes.

Lorsqu'une coupe est usée, c'est-à-dire, lorsque les délais fixés pour l'exploitation et la vidange, sont expirés, les officiers et agens forestiers doivent s'y transporter pour en faire la vérification, qui consiste dans le récolement et le réarpentage.

On est dans l'usage de procéder en même tems à ces deux opérations, pour ne point multiplier les déplacemens des personnes qui doivent y concourir.

Récolement.

« Le récolement d'une vente n'est autre chose
» que la revue qui s'en fait pour connaître si les
» conditions du bail de l'adjudication qui en
» a été faite, sont exécutées, et si le marchand
» en a fait l'usance et l'exploitation, ainsi qu'il

» était obligé. Cette revue est appelée *réco-*
» *lement*, parce qu'en y procédant, on fait
» la confrontation de la vente avec la défi-
» nition et description qui en a été faite par
» les procès - verbaux d'assiette, mesurage,
» martelage et balivage; elle s'appelle encore
» *reddition*, et cela à l'égard du marchand,
» parce qu'il rend sa vente pour en être dé-
» chargé; elle s'appelle *réception* à l'égard
» des officiers, parce qu'ils reçoivent la vente
» et en déchargent le marchand; elle s'ap-
» pelle enfin *sortie de la vente*, de même
» que l'adjudication s'appelle *entrée*. . . . . . .
» parce que le récolement est en effet le
» dernier pas et la dernière démarche que
» le marchand fait pour raison de sa vente,
» ou pour mieux dire, pour en sortir (1). »

On procède, sans frais, pour les adjudicataires au récolement, dans les deux mois
qui suivent le jour de l'expiration des délais
accordés pour la vidange des coupes (2).

____

(1) *Instruction pour les ventes des bois du roi*,
par M. de Froidour, p. 257.

(2) Ordonnance de 1669, tit. IV, art. 10, et tit. XVI,
art. 1. — Cahier des charges générales de 1812,
art. 79.

Les adjudicataires ou cessionnaires (1) sont tenus de s'y trouver. L'inspecteur forestier leur fait signifier, à cet effet, à leurs frais, au secrétariat du lieu de la vente, dix jours à l'avance, acte contenant indication du jour où se fera le récolement (2).

Si les officiers négligeaient de procéder au récolement dans le délai ci-dessus indiqué, il serait de l'intérêt de l'adjudicataire de les constituer en demeure par un acte positif et émané d'un officier public, tel qu'une sommation faite par main de notaire, ou un exploit signifié par un huissier, attendu que l'adjudicataire reste toujours obligé et garant jusqu'à ce qu'il ait obtenu sa décharge du récolement (3).

Si les récolemens se diffèrent au-delà des tems prescrits, ils n'en sont pas moins valides ; mais dans ce cas les procès-verbaux doivent indiquer les causes du retard, soit

-----

(1) Arrêt de la cour de cassation, du 28 juillet 1809.

(2) Cahier des charges générales de 1812, art. 80.— Arrêt de la cour de cassation du 11 avril 1811.

(3) Arrêts de la cour de cassation, des 25 avril 1806, 6 août 1807 et 28 juillet 1809.

qu'il ait été légalement autorisé ou non (1).
A défaut de la part des agens forestiers d'a-
voir appelé l'adjudicataire au récolement, ou
à défaut de la part de l'adjudicataire, ou un
fondé de pouvoir de sa part, de se trouver
sur les lieux, au jour indiqué, le procès-verbal de récolement ne peut être attaqué de
nullité (2).

Si l'adjudicataire ou son fondé de pouvoir
est présent, il signe le procès-verbal de récolement ; s'il s'y refuse, il en est fait mention ;
à défaut de quoi le procès-verbal est irrégulier, et peut donner lieu à une vérification
sur la demande de l'adjudicataire (3).

Le conservateur doit, autant qu'il lui est
possible, faire le récolement des coupes
usées (4) ; et en cas d'empêchement il commet l'inspecteur de l'arrondissement pour procéder à cette opération (5).

____

(1) Arrêts de la cour de cassation, des 5 janvier et
7 septembre 1810.

(2) Circulaire du 9 prairial an XIII, n° 267.

(3) Arrêt de la cour de cassation, du 5 janvier
1810.

(4) Instruction du 7 prairial an IX, § I, art. 7.
— Cahier des charges générales de 1812, art. 80.

(5) *Ibid.*, art. 87. — Arrêts de la cour de cassation,
des 29 avril 1808 et 11 avril 1811.

Quelque soit l'officier qui préside au récolement, il doit, avant toute œuvre, se faire représenter les procès-verbaux d'assiette, d'arpentage, de balivage, de martelage et de souchetage (1); le cahier des charges (2) et le procès-verbal d'adjudication, ainsi que l'original de l'acte signifié à l'adjudicataire, dont il a été parlé plus haut (3); enfin les procès-verbaux de décharge faits par les commis gardes-vente.

Muni de toutes ces pièces, l'officier forestier visite exactement la vente, en examine les limites, l'intérieur et l'extérieur.

Sur les limites, il observe si l'arbre d'assiette, les pieds corniers, tournans et parois désignés aux procès-verbaux d'assiette, arpentage et martelage, ont été conservés, et si l'adjudicataire n'a pas dépassé les bornes de la coupe (4).

---

(1) Ordonnance de 1669, tit. III, art. 15. — Instruction du 7 prairial an IX, § 1er, art. 7.

(2) Loi du 29 septembre 1791, tit. VI, art. 18.

(3) Ordonnance de 1669, tit. XVI, art. 2.

(4) Ordonnance de 1669, tit. XVI, art. 2. — Instruction du 7 prairial an IX, § 1er, art. 7.

L'examen de l'intérieur a pour objet de
vérifier si elle a été bien exploitée, usée, vi-
dée et nettoyée ; si le nombre de baliveaux de
l'âge, les anciens et les modernes portés au
procès-verbal de balivage existent ; s'ils sont
tous marqués du marteau impérial ; si, au
contraire, il n'est survenu aucune substitu-
tion dans le choix qui en avait été fait, et
si les arbres fruitiers ont été conservés (1).
Dans le cas où il n'existe pas de procès-verbal de balivage, soit parce que l'épaisseur du
taillis n'a pas permis de faire le choix des
brins à réserver, soit parce que ces brins
étaient trop faibles pour recevoir le coup de
marteau, l'officier forestier doit examiner si
l'adjudicataire a réservé le nombre de baliveaux prescrit par le cahier des charges.
Lorsque les ventes ont été faites en jardinant,
il faut vérifier si l'adjudicataire n'a pas coupé
d'autres arbres que ceux qui lui ont été vendus ; et l'on s'en assure en comparant le nombre des étocs avec celui porté au procès-verbal de martelage, et en examinant si chacun

----

(1) Ordonnance de 1669, tit. XVI, art. 2. — Instruction du 7 prairial an IX, § Ier, art. 7.

de ces élocs porte l'empreinte du marteau impérial (1).

Si, à l'expiration des délais pour la coupe et la vidange, les gardes ont négligé de saisir, conformément aux lois, les bois qui n'ont point été coupés ou extraits de la coupe, l'officier qui préside au récolement doit suppléer à leur négligence (2).

A l'extérieur de la vente, et à la distance prescrite par la loi pour l'ouïe de la cognée, les officiers recherchent les souches des arbres coupés, tiennent note de leur qualité, nature, essence et grosseur. S'il y a eu un souchetage avant l'exploitation, et qu'un second souchetage ait été jugé nécessaire, il y est procédé aux frais de l'adjudicataire (3) par deux soucheteurs, l'un nommé par les officiers, l'autre par l'adjudicataire ; et, en cas de refus de ce dernier, par celui seulement qui a été désigné par les officiers (4) ; mais dans

----

(1) Cahier des charges générales de 1812, art. 80.

(2) Ordonnance de 1669, tit. XV, art. 47.

(3) *Ibid.*, tit. XVI, art. 1. — Cahier des charges générales de 1812, art. 83.

(4) *Ibid.*, art. 3.

l'un et l'autre cas, en présence du premier soucheteur (1).

Le procès-verbal du second souchetage est ensuite confronté avec celui du premier, pour reconnaître les malversations, le nombre et la qualité des arbres devenus à la charge de l'adjudicataire, défalcation faite de ceux dont il est reconnu déchargé au moyen des procès-verbaux dressés par le garde-vente pendant l'usance de la coupe (2).

Enfin l'on doit vérifier si l'adjudicataire a curé à vif-fond et aligné les fossés, sangsues, rigoles, glacis et laies; s'il a rempli les trous des scieurs et des ateliers ; s'il n'a fait d'autres faudes et fourneaux que ceux qui lui ont été désignés; s'il les a fait fouir, repiquer et semer ; s'il a rétabli les routes, ponts, ponceaux, bornes, barrières et pierrées endommagées, et s'il s'est conformé en tous points aux obligations qui lui sont imposées, tant par le cahier des charges générales, que par les clauses particulières qui ont pu y être ajoutées.

Toutes ces reconnaissances faites, l'officier forestier dresse son procès-verbal de récole-

____

(1) Cahier des charges générales de 1812, art. 1.
(2) *Ibid*, art. 5.

ment conforme au modèle n° XXIII (1). Il y
relate en détail le résultat de sa vérification
et y constate d'une manière détaillée les entreprises, malversations, défauts et manquemens
qui sont à la charge de l'adjudicataire (2),
ainsi que la quantité des arbres qui ont été
marqués dans les coupes pour le service de
la marine, et ceux qui ont été livrés au fournisseur (3).

Les procès-verbaux de récolement et de
réarpentage doivent être visés pour timbre,
et enregistrés, en percevant les droits, si les
adjudicataires en ont consigné le montant; à
défaut de consignation, le recouvrement des
droits est poursuivi par le receveur par les
voies ordinaires.

Ces procès-verbaux sont des actes d'administration publique, qui ne sont point soumis
à l'enregistrement dans les quatre jours; il
suffit qu'ils soient présentés avant le commencement de la procédure (4).

---

(1) Instruction du 7 prairial an IX, § Ier, art. 7.
(2) Ordonnance de 1669, tit. XVI, art. 2.
(3) Circulaire du 30 juillet 1811, n° 448.
(4) Décision du ministre des finances, du 19 germi-

Si un procès-verbal de récolement avoit été annullé par défaut de forme, le conservateur pourroit y suppléer par un nouveau procès-verbal qui servirait de base aux poursuites à intenter contre l'adjudicataire.

Les procès-verbaux de récolement doivent être envoyés au conservateur, qui en adresse le double à l'administration, dans la quinzaine de la remise qui en a été faite (1).

L'administration, pour s'assurer de l'activité avec laquelle s'exécutent les opérations de balivage, martelage et récolement, se fait remettre, tous les deux mois, par le conservateur, pour chaque inspection, un état conforme au modèle n° XXIV (2).

Réarpentage.

Le réarpentage est la vérification qui se fait du premier mesurage de la vente.

Cette vérification ne peut être confiée à

---

nal an XIII, rappelée dans une circulaire du 3 floréal suivant, n° 262. — Arrêts de la cour de cassation, des 8 avril 1808 et 1er septembre 1809.

(1) Arrêt de la cour de cassation, du 4 avril 1806. — Circulaire du 9 prairial an XIII, n° 267.

(2) *Ibid.*

l'arpenteur qui a procédé à la première opération (1).

Mais elle doit être faite en présence de celui-ci, ou lui duement appelé (2), par un autre arpenteur désigné par le conservateur (3).

Comme il y a deux arpenteurs attachés à chaque arrondissement, il est d'usage de les faire alterner; de sorte que l'un procède à l'assiette au premier mesurage, l'autre au réarpentage (4).

L'adjudicataire doit être appelé au réarpentage, il peut y faire trouver un autre arpenteur à son choix (5), mais à ses frais (6).

Le réarpentage se fait avant ou pendant le récolement (7), sous les yeux d'un officier forestier ou du garde général (8).

____

(1) Ordonnance de Henri IV, du mois de mai 1597, art. 25.

(2) Ordonnance de 1669, tit. XVI, art. 1.

(3) Instruction pour les arpenteurs forestiers, du 9 frimaire an X, art. 9.

(4) *Ibid.*

(5) Ordonnance de 1669, tit. XVI, art. 1.

(6) Cahier des charges générales de 1812, art. 84.

(7) *Ibid.*

(8) Instruction pour les arpenteurs forestiers, art. 10.

Pour y parvenir, les arpenteurs ayant en main le plan et le procès-verbal d'assiette, reconnaissent la quantité et l'identité des arbres d'assiette, des pieds corniers tournans et parois énoncés au procès-verbal d'arpentage; ils vérifient ensuite l'ouverture des angles et la longueur des lignes qui se trouvent cotées sur le plan d'assiette; et après en avoir fait le calcul, ils énoncent dans un procès-verbal rédigé conformément au modèle numéro XXV, la quantité d'hectares, ares et centiares que contient la vente réarpentée (1); comparant ensuite cette quantité avec celle du premier arpentage, s'il se trouve une différence, soit en sur-mesure, soit en moins de mesure, ils en font une mention précise (2).

Si les arpenteurs ont trouvé quelqu'entreprise ou outre-passé au-delà des pieds corniers, ils doivent les mesurer, en faire la description exacte dans leur procès-verbal, et la distinguer dans la figure qu'ils dressent de leur opération (3).

---

(1) Ordonnance de 1669, tit. XVI, art. 6.

(2) Instruction pour les arpenteurs forestiers, art. 10.

(3) Ordonnance de 1669, tit. XVI, art. 6.

Le plan de réarpentage doit être levé d'après le même mode et sur la même échelle que celui d'assiette (1).

L'arpenteur doit y indiquer, par ce signe *o*, la position approchée de chaque arbre d'un mètre 62 centimètres de tour et au-dessus, et désigner l'essence de ces arbres par les couleurs ci-après, savoir :

Les chênes en *rouge*.

Les hêtres en *vert*.

Les ormes en *bleu*.

Les frênes en *violet*.

Les charmes et autres essences, en *jaune* (2).

Il faut aussi qu'il indique dans ce plan, la position des bornes (3).

Effets du Récolement et du Réarpentage.

S'il résulte du procès-verbal de récolement, que l'adjudicataire a bien rempli toutes les conditions insérées au cahier des charges et qu'il s'est conformé en tous points aux dispositions

______

(1) Circulaire du 11 ventose an X, n° 71.

(2) Instruction pour les arpenteurs, du 9 frimaire an X.

(3) *Ibid.*

des lois et réglemens forestiers, il est autorisé à demander la décharge pure et simple de son exploitation : elle ne lui est néanmoins accordée dans un cas, que lorsqu'il a rapporté les marteaux dont il s'est servi, pour être rompus (1), et qu'il a représenté le registre de son garde - vente pour être arrêté et paraphé, afin qu'on ne puisse plus y rien ajouter (2).

Si le procès-verbal de récolement porte saisie de quelque partie des bois de la vente qui n'ont point été coupés ou vidés dans les délais fixés, l'inspecteur doit en poursuivre la confiscation ; il doit aussi obtenir condamnation dans les formes ordinaires, contre l'adjudicataire, à raison des arbres de réserve que celui-ci n'aurait pas représentés, ou des entreprises ou outrepasses au-delà des pieds corniers.

Si l'adjudicataire a manqué de recéper quelques mauvais bois, quelques vieux acots ; s'il

____

(1) Ordonnance de Charles V, du mois de juillet 1376, art. 27, et du mois de septembre suivant, art. 25 ; de Charles VI, du mois de mars 1388, art. 26, et du mois de septembre 1402, art. 26 ; de Francois Ier, du mois de mars 1515, art. 43 ; de Louis XIV, du mois d'août 1669, tit. XVI, art. 11.

(2) *Instruction pour les ventes du bois du roi*, par M. de Froidour, page 255.

a négligé de nettoyer la coupe; s'il n'a pas labouré et semé de glands les places à charbon; s'il n'a pas fait les fossés et autres ouvrages à sa charge; il doit y être contraint par les voies juridiques, ainsi qu'il est dit au *Traité des délits de peines et de procédures.*

Lorsqu'il résulte des procès-verbaux de réarpentage un excédant de mesure, l'adjudicataire est tenu de le payer à proportion du prix entier de l'hectare et du décime pour franc de ce prix (1).

S'il était trouvé moins de mesure, l'adjudicataire en est remboursé dans la même proportion (2) après la décharge définitive par lui obtenue (3).

Ce manque de mesure ne peut être payé qu'en vertu d'une décision du ministre des finances. Aux demandes qui lui en sont faites, doivent être jointes les copies des procès-verbaux d'assiette, de balivage et martelage, d'adjudication de récolement, de réarpentage et

____

(1) Ordonnance de 1669, tit. XVI, art. 8.—Cahier des charges générales, de 1812, art. 85.

(2) *Ibid.*

(3) *Ibid.*

du congé de cour dont il sera parlé plus bas (1).

Dans aucun cas, il n'est permis de donner récompense en bois, ni de faire compensation en espèce de sur-mesure avec le manque de mesure (2).

Le conservateur doit dresser annuellement un état général des sur-mesures et des moins de mesures, conforme au modèle n° XXVI, et le transmettre à l'administration (3).

Il doit aussi fournir aux préposés du droit d'enregistrement, un état de sur-mesures pour par ces derniers en poursuivre le recouvrement.

Congé de Cour.

On appelle congé de cour, la décharge qui est donnée à l'adjudicataire après le récolement d'une vente régulièrement exploitée.

Lorsque le conservateur, ou l'officier qu'il a commis, a vérifié que l'adjudicataire a rempli toutes les obligations qui lui étaient imposées,

------

(1) Circulaire du 17 janvier 1806, n° 31.

(2) Ordonnance de 1669, tit. XVI, art. 8.

(3) *Ibid.*, tit. XIV, art. 10. — Loi du 29 septembre 1791, tit. VI, art. 27. — Instruction du 7 prairial an IX, § I, art. 7.

il donne son consentement à la délivrance du congé de cour (1), et dresse à cet effet, un procès-verbal conforme au modèle n° XXVII (2).

Après la délivrance du congé de cour, la vente rentre sous la surveillance du garde du triage, qui en est entièrement et expressément chargé (3).

______

(1) Loi du 29 septembre 1791, tit. VI, art. 20.

(2) Instruction du 7 prairial an IX, § 1, art. 25.

(3) Ordonnance de 1669, tit. XVI, art. 12.

CHAPITRE XII.

Des Chablis et des menus Marchés.

———————

IL se trouve souvent, dans les forêts, des arbres déracinés, rompus, abattus ou coupés.

Ces arbres prennent différens noms, suivant les causes qui ont occasionné leur chute.

On appelle arbres *chablis, chablés* ou *caables*, ceux qui ont été déracinés ou rompus au pied, soit par l'impétuosité des vents, soit par l'effet du poids des neiges.

On donne le nom de *rompis, volis* ou *volins*, à ceux qui ont été rompus par la moitié du corps, ou dont les branches maîtresses ont été détachées.

On désigne par la dénomination générale de bois de *délits*, de *forfaiture* ou de *condamnation*, ceux qui ont été abattus par les délinquans.

Mais parmi ceux-ci on distingue les *arcins*, qui sont les arbres auxquels on a mis le feu pour les faire tomber; les faux *ventis*, qu'à force de cordages ou d'autres moyens on a fait tomber comme si le vent les avait abattus. Il en est d'autres enfin que l'on a déchaussés à la racine pour les faire tomber, ou que l'on a coupés soit à la scie, soit à la cognée.

Les gardes doivent dans chaque triage, constater le nombre, l'essence, la grosseur, la qualité et l'état de ces arbres, en dresser procès-verbal sur leur registre, et en envoyer copie trois jours après à leurs supérieurs (1).

Les officiers doivent s'assurer de l'exactitude du rapport des gardes, marquer du marteau impérial les chablis et autres arbres abattus dont ils ont fait la reconnaissance (2), veiller à leur conservation, en dresser procès-verbal (3) et en former un état pour être transmis au conservateur (4).

Il est bon d'observer que l'on ne doit point considérer comme chablis, ni conséquemment comprendre dans l'état dont il vient d'être parlé les arbres sur pied, ou *en étant*, soit qu'ils

____

(1) Ordonnance de 1669, tit. XVII, art. 1.
(2) *Ibid.*, art. 5.
(3) *Ibid.*, art. 2.
(4) Instruction du 7 prairial an IX, § Ier, art. 4.

aient été fourchés ou ébranchés par la chute des arbres voisins (1), soit qu'ils soient morts ou dépérissans (2).

Ces sortes d'arbres ne peuvent être vendus sans une autorisation particulière.

Il doit être procédé incessamment à la vente des chablis et autres arbres de cette nature en l'état qu'ils se trouvent (3) : si on les laissait long-tems dans les forêts, ils seraient exposés à être enlevés par les riverains.

Il n'en est pas de même des arbres de délits et de forfaiture ; il importe souvent de les conserver pour pièces de conviction dans les poursuites dirigées contre les délinquans (4).

Il est bon de vendre, autant que les circonstances le permettent, les arbres de toute espèce dont il vient d'être parlé, en même tems que l'on procède à l'adjudication des coupes, parce que l'on évite ainsi les frais d'affiches particu-

______

(1) Instruction du 7 prairial an IX, § Ier, art. 24.

(2) Ordonnance de 1669, tit. XVII, art. 5.

(3) Décision du ministre des finances, du 5 floréal an VII, rappelée dans une circulaire des administrateurs du domaine national, du 18 brumaire an VIII.

(4) *Instruction pour les ventes du bois du roi*, par M. de Froidour, page 22.

lières, le déplacement des officiers, et que l'on peut compter sur un plus grand nombre de concurrens.

Mais lorsque l'époque à laquelle ces arbres ont été découverts est trop éloignée de celle des adjudications des coupes, le conservateur doit faire procéder le plutôt possible à leur vente (1).

Cette vente se fait dans les formes ordinaires (2) devant le préfet et les sous-préfets (3) lorsque les objets en sont considérables.

Mais si l'estimation des arbres, branches, souches, copeaux, n'excède pas la valeur de deux cents francs, la vente qui doit en être faite est considérée comme *menu-marché*, et elle a lieu devant la municipalité de la situation du bois.

La municipalité ne peut y procéder qu'en vertu d'une délégation expresse du préfet ou du sous-préfet (4), provoquée par les officiers forestiers (5).

---

(1) Loi du 29 septembre 1791, tit. VI, art. 16.

(2) Ordonnance de 1669, tit. XVII, art. 4.

(3) Loi du 29 septembre 1791, tit. VIII, art. 4.

(4) *Ibid.* — Instruction du 7 prairial an IX, § II, art. 8.

(5) Loi du 29 septembre 1791, tit. VIII, art. 4. —

Dans tous les cas, les traites à souscrire par les adjudicataires des chablis doivent être sti-pulées payables entre les mains du receveur du domaine de l'arrondissement, au lieu du rece-veur général du département (1).

Le conservateur, à la fin de chaque exercice, forme un état général des menus-marchés qui ont eu lieu dans le courant de l'année ; il y désigne les arbres qui en ont été l'objet, par leur nombre, leur essence, leur âge ; il y fait connaître le prix de l'estimation et celui de la vente (2), observant de ne pas comprendre dans cet état les chablis et arbres de délits qui ont pu être portés dans l'état général des ventes (3).

Le modèle de l'état des menus-marchés se trouve sous le n° XXVIII.

Instruction du 7 prairial an IX, § II, art 8.—Lettre de l'administration, du 30 fructidor an XIII, n° 280.

(1) Ordonnance de 1669, tit. IV, art. 10. — Instruction du 7 prairial an IX, § II, art. 8. — Circulaire du 12 décembre 1809, n° 410.

(2) Décision du ministre des finances, énoncée dans une circulaire du 12 décembre 1809, n° 410.

(3) Circulaire du 6 vendémiaire an XIII, n° 237.

TABLEAU

DES TRENTE CONSERVATIONS DE L'EMPIRE.

CONSERVATION.

ÉSIDENCE DU CONSERVATEUR. . . . . PARIS.

Son *Arrondissement; Dép. de* { Seine.
Seine-et-Oise.
Eure-et-Loire.
Seine-et-Marne.

CONSERVATION.

ÉSIDENCE DU CONSERVATEUR. . . . . TROYES.

Son *Arrondissement; Dép. de* { Aube.
Marne.
Yonne.

CONSERVATION.

ÉSIDENCE DU CONSERVATEUR. . . . . ROUEN.

Son *Arrondissement; Dép. de* { Seine-Inférieure.
Eure.

CONSERVATION.

ÉSIDENCE DU CONSERVATEUR. . . . . FALAISE.

Son *Arrondissement; Dép. de* { Calvados.
Orne.
Manche.

CONSERVATION.

ÉSIDENCE DU CONSERVATEUR. . . . . RENNES.

Son *Arrondissement; Dép. de* { Ile-et-Vilaine.
Loire-Inférieure.
Finistère.
Morbihan.
Côtes-du-Nord.

VI.ᵉ CONSERVATION.

RÉSIDENCE DU CONSERVATEUR. . . . . ANGERS.

Son *Arrondissement ; Dép. de* {
Maine-et-Loire.
Mayenne.
Sarthe.

VII.ᵉ CONSERVATION.

RÉSIDENCE DU CONSERVATEUR. . . . . . . , ... ORLEANS.

Son *Arrondissement ; Dép. de* {
Loiret.
Loir-et-Cher.
Indre-et-Loire.

VIII.ᵉ CONSERVATION.

RÉSIDENCE DU CONSERVATEUR. . . . . BOURGES.

Son *Arrondissement ; Dép. de* {
Cher.
Nièvre.
Indre.

IX.ᵉ CONSERVATION.

RÉSIDENCE DU CONSERVATEUR. . . . . POITIERS.

Son *Arrondissement ; Dép. de* {
Vienne.
Deux-Sèvres.
Vendée.
Charente-Inférieure.

X.ᵉ CONSERVATION.

RÉSIDENCE DU CONSERVATEUR. . . . . MOULINS.

Son *Arrondissement ; Dép. de* {
Puy-de-Dôme.
Cantal.
Creuse.
Allier.
Vienne. (Haute-)
Loire. (Haute-)
Corrèze.

XI.ᵉ CONSERVATION.

RÉSIDENCE DU CONSERVATEUR. . . . . BORDEAU.

Son *Arrondissement ; Dép. de* {
Gironde.
Dordogne.
Charente.
Lot-et-Garonne.
Lot.

Iᵉ CONSERVATION.

RÉSIDENCE DU CONSERVATEUR. . . . . PAU.

Son *Arrondissement; Dép. de* { Pyrénées. (Hautes-)
Pyrénées. (Basses-)
Gers.
Landes.

IIᵉ CONSERVATION.

RÉSIDENCE DU CONSERVATEUR. . . . . TOULOUSE.

Son *Arrondissement ; Dép. de* { Garonne. (Haute-)
Tarn-et-Garonne.
Tarn.
Arriège.

Vᵉ CONSERVATION.

RÉSIDENCE DU CONSERVATEUR. . . . . MONTPELLIER.

Son *Arrondissement ; Dép. de* { Hérault.
Aude.
Pyrénées-Orientales.
Aveiron.

Vᵉ CONSERVATION.

RÉSIDENCE DU CONSERVATEUR. . . . . NISMES.

Son *Arrondissement ; Dép. de* { Gard.
Ardèche.
Lozère.
Vaucluse.

VIᵉ CONSERVATION.

RÉSIDENCE DU CONSERVATEUR. . . . . AIX.

Son *Arrondissement ; Dép. de* { Bouches-du-Rhône.
Var.
Alpes. (Basses-)
Alpes-Maritimes.

XVIIe CONSERVATION.

RÉSIDENCE DU CONSERVATEUR. . . . . GRENOBLE,

Son *Arrondissement ; Dép. de* {
Isère.
Drôme.
Alpes. (Hautes)
Mont-Blanc.
Léman.
Ain.
Loire.
Rhône.

XVIIIe CONSERVATION.

RÉSIDENCE DU CONSERVATEUR. . . . . , DIJON.

Son *Arrondissement ; Dép. de* {
Côte-d'Or.
Saône-et-Loire.
Marne. (Haute-)

XIXe CONSERVATION.

RÉSIDENCE DU CONSERVATEUR. . . . . BESANÇON.

Son *Arrondissement ; Dép. de* {
Doubs.
Saône. (Haute-)
Jura.

XXe CONSERVATION.

RÉSIDENCE DU CONSERVATEUR. . . . . STRASBOURG.

Son *Arrondissement ; Dép. de* {
Rhin. (Haut-)
Rhin. (Bas-)

XXIe CONSERVATION.

RÉSIDENCE DU CONSERVATEUR. . . . . NANCY.

Son *Arrondissement ; Dép. de* {
Meurthe.
Meuse.
Vosges.

XXIIe CONSERVATION.

RÉSIDENCE DU CONSERVATEUR. . . . . METZ.

Son *Arrondissement ; Dép. de* {
Moselle.
Forêts.
Ardennes.

XIII.e CONSERVATION.

RÉSIDENCE DU CONSERVATEUR. . . . . LIÈGE.

Son *Arrondissement; Dép. de* { Ourthe.
Meuse-Inférieure.
Sambre-et-Meuse.
Roër.

XIV.e CONSERVATION.

RÉSIDENCE DU CONSERVATEUR. . . . . BRUXELLES.

Son *Arrondissement; Dép. de* { Dyle.
Jemmape.
Escaut.
Lys.
Deux-Nèthes.
Bouches-du-Rhin.
Bouches-de-l'Escaut.

XV.e CONSERVATION.

RÉSIDENCE DU CONSERVATEUR. . . . . LILLE.

Son *Arrondissement; Dép. de* { Nord.
Pas-de-Calais.

XVI.e CONSERVATION.

RÉSIDENCE DU CONSERVATEUR. . . . . GUISE.

Son *Arrondissement; Dép. de* { Somme.
Oise.
Aisne.

XVII.e CONSERVATION.

RÉSIDENCE DU CONSERVATEUR. . . . . ROME.

Son *Arrondissement; Dép. de* { Liamone.
Golo.
Tibre.
Trasimène.
Arno.
Ombrone.
Méditerranée.

XVIII.e CONSERVATION.

RÉSIDENCE DU CONSERVATEUR. . . . . COBLENTZ.

Son *Arrondissement; Dép. de* { Rhin-et-Mozelle.
Mont-Tonnerre.
Sarre.

XXIX. CONSERVATION.

RÉSIDENCE DU CONSERVATEUR. . . . . ALEXANDR

Son Arrondissement ; Dép. de {
Marengo.
Doire-et-Sésia.
Pô.
Stura.
Montenote.
Gênes.
Les Appennins.
Taro.

XXX. CONSERVATION.

RÉSIDENCE DU CONSERVATEUR. . . . . HOLLANDE.

Son Arrondissement ; Dép. de {
Zuiderzée.
Bouches-de-la-Meuse.
Bouches-de-l'Issel.
Issel-Supérieur.
Frise.
Ems-Occidental.
Ems-Oriental.
La Lippe.

MODÈLES.

ADMINISTRATION GÉNÉRALE

DES FORÊTS.

———

CONSERVATION.

MODELE Nº I.

LIVRE-JOURNAL
DU CONSERVATEUR D

ANNÉE.	MOIS.	JOUR.	BREF-EXTRAIT Des lettres, instructions, informations reçues, écrites ou données.	NOTES Relatives aux tournées générales et particulières dans les bois, aux opérations du balivage, aux adjudications, exploitations et récolemens.	ANALYSE Des procès-verbaux de délit, des poursuites contre les délinquans; des jugemens rendus, et de leur exécution.	OBSERVATIONS SUR L'ÉTAT DES BOIS, ET PROJETS D'AMÉLIORATION.

MODELE N° II.

SOMMIER

DE L'INSPECTEUR

O U

SOUS-INSPECTEUR DES FORÊTS.

~~~~~~~~

Le présent Sommier, contenant (*le nombre en toutes lettres*), feuillets, a été coté et paraphé par nous, président du tribunal de première instance à   département d   pour servir au sieur (*inspecteur* ou *sous - inspecteur*) de l'Administration des Forêts, demeurant à   à inscrire tous les jugemens portant condamnation à des amendes, restitutions, indemnités et dépens, en matière de délits concernant les forêts, la chasse et la pêche, dont le recouvrement doit être effectué par les gardes-généraux forestiers, en exécution du décret impérial du 2 février 1811.

Fait à   le   du mois d   mil huit cent
~~~~~~~~

NUMÉROS		NATURE du DÉLIT.	NOMS, PRÉNOMS et domicile de chaque REDEVABLE.	DATE DU JUGEMENT de condamnation.	MONTANT DE LA CONDAMNAT			
D'ORDRE du présent sommier.	DU sommier du receveur.				AMENDES.	DÉCIME par franc de l'amende.	Restitutions.	DÉPENS liquidés par le jugement.

| NUMÉROS | | NATURE du | NOMS, | | | MONTANT DE LA CONDAMNAT | | |
| D'ORDRE du présent sommier. | DU sommier du receveur. | | PRÉNOMS et domicile de chaque REDEVABLE. | DATE DU JUGEMENT de condamnation. | | DÉCIME par franc de | Restitutions. | DÉPENS liquidés par le jugement. |

GÉNÉRAL AUQUEL ce rôle a été remis.	DATE DU PAIEMENT entre les mains du garde général, et numéro de son livret.	DATE du versement au receveur des domaines, et numéro du registre de ce receveur.	PROCÈS-VERBAUX D'INSOLVABILITÉ OU DE CARENCE.		OBSERVATIONS.
			DATE de ces procès-verbaux.	DATE de la remise qui en a été faite au receveur.	

MODÈLE N° III.

RÔLE

D U

GARDE GÉNÉRAL DES FORÊTS.

~~~~~~~~~~

LE présent Rôle contenant (*le nombre en toutes lettres*) feuillets, a été coté et paraphé par nous, président du tribunal de première instance à   département d   pour servir à l'inscription de tous les jugemens portant condamnation à des amendes, restitutions et dépens, dont le recouvrement doit être fait par le sieur garde-général des forêts, à   conformément au décret impérial du 2 février 1811.

FAIT à   le   du mois d   mil huit cent

18.
~~~~~~~~~~

| NUMÉROS | | | NOMS, | DATE du | MONTANT TOTAL | |
| d'ordre du présent rôle. | du sommier de l'inspecteur forestier. | du sommier du receveur des domaines. | PRÉNOMS et domicile de chaque CONDAMNÉ. | jugement de condamnation. | de la condamnation. | |
					EN toutes lettres.	EN chiffres.

 Suite du Modèle N° III.

NUMÉRO DU LIVRET où le paiement a été enregistré.	DATE du versement au receveur des domaines.	NUMÉRO DE SON REGISTRE DE RECETTE.	PROCÉS-VERBAUX d'insolvabilité ou de carence.		OBSERVATIONS DANS LESQUELLES on fait mention DES AVERTISSEMENS et des POURSUITES.
			DATE du procès-verbal.	DATE de la remise au receveur.	

MODELE N° IV.

LIVRET

DU GARDE GENERAL.

~~~~~~~~~~

Le présent livret contenant (*le nombre en toutes lettres*) feuillets, a été coté et paraphé par nous, président du tribunal de première instance à   pour servir au sieur   garde général, demeurant à   à y porter en recette, au moment du paiement, les sommes acquittées par les condamnés à des amendes, restitutions et dépens, dont le montant est inscrit sur son rôle, et dont il doit faire le recouvrement, en exécution du décret impérial du 2 février 1811.

Fait à   le   du mois
à   mil huit cent
~~~~~~~~~~

NUMÉROS		NOMS, PRÉNOMS, ET DOMICILE de chaque CONDAMNÉ.	SOMMES PAYÉES		DATES		NUMÉRO de son registre de recette.	OBSERVATIONS.
du présent livret.	du rôle.		en toutes lettres.	en chiffres.	du paiement.	du versement au receveur des domaines.		

MODELE Nº V.

• CONSERVATION.

EXERCICE

TRIMESTRE

Produit des Amendes Forestières.

ÉTAT DES PROCÈS-VERBAUX, POURSUITES, JUGEMENS ET RECOU-VREMENS, *occasionnés par Délits de Bois, de Pêche et de Chasse, dans l'étendue de la Conservation, pendant le   trimestre de*

DÉPARTEMENS.	QUANTITÉ DE PROCÈS-VERBAUX					MONTANT DES CONDAMNATIONS prononcées PENDANT LE TRIMESTRE.			SOMMES PERÇUES.	SOMMES tombées en non-valeur par suite de l'exploit de carence.	RESTANT A RECOUVRER.	OBSERVATIONS.
	EN instance à la fin du précédent trimestre.	Rapportés pendant le trimestre.	JUGÉS pendant LE TRIMESTRE.		INDÉCIS.	EN principal, compris les confiscations.	EN frais	QUI restaient à acquitter suivant le résultat du dernier état.				
			EN décharge	EN condamnation.								

MODELE N.º VI.

LIVRE-JOURNAL
Des Gardes-Généraux.

CIRCULAIRES OU LETTRES		TOURNÉES.		PROCÈS-VERBAUX.		CONDUITE DES GARDES.	OBSERVATIONS.
Reçues.	Ecrites.	Départ.	Retour.	Départ.	ÉNONCÉ des délits.		

N°

ADMINISTRATION

GÉNÉRALE

DES FORÊTS.

CONSERVATION.

Département
d

Exercice de l'an

TRIMESTRE

Arrêté du Gouvernement
du 5 complém.^{te} an XI.

CHAPITRE

SECTION

MODELE N° V

MANDAT DE TRAITEMEN

IL est dû au sieur

à la résidence de
pour son traitement du

SAVOIR :

Traitement fixe à raison de
par an,
pour trois mois,
ci . . . . . » fr.

Retenue de deux pour cent, à
déduire en exécution de la loi du
17 janvier 1806, ci . . . . »

Reste dû pour le traitement du
trimestre, ci . . . . »

Vu par le Conservateur des Forêts du
arrondissement, le présent Ma
montant à la somme de
être payé par les préposés de l'Administr
de l'Enregistrement et des Domaines.

A   le

CONSERVATION

D

MODELE N° VIII.

TRAITEMENT

desgardesparticuliers.

TRIMESTRE D

ÉTAT DU TRAITEMENT DES GARDES PARTICULIERS FORESTIERS, *et des Paiemens*
à eux faits pour le Trimestre de

DÉPARTEMENS.	Arrondissemens Forestiers.	Numéros d'ordre du sommier.	NOMS des GARDES particuliers.	MONTANT de leur traitement.		TEMS DU SERVICE.		MONTANT du traitement à raison du tems de service.	Retenue de 2 pour 100 pour la caisse des pensions.	PAIEMENS effectifs.	TOTAL de la retenue et des paiemens effectifs.	OBSERVATIONS
				par an.	par trimestre.	mois.	jours.					

MODELE N° IX.

CONSERVATION

ÉTAT DES PORTS DE LETTRES OU PAQUETS REÇUS PAR LE

(Conservateur, Inspecteur ou Sous-Inspecteur de......)

D

RECEPTION des LETTRES ET PAQUETS.			LIEU du DÉPART des LETTRES et PAQUETS.	LEUR OBJET SUCCINCT.	NOMS de celui qui les envoie.	TAXE des PORTS, des LETTRES et PAQUETS.	OBSERVATIONS.
ANNÉE.	MOIS.	JOURS.					

MODELE N° X.

CONSERVATION

D

ÉTAT DES RÉTRIBUTIONS DUES AUX ARPENTEURS FORESTIERS ,
pour opérations (d'Arpentage ou de Réarpentage)
des Coupes de l'Exercice de

DÉPARTEMENS.	INSPECTIONS ou sous-inspections.	DÉNOMINATION des FORÊTS.	TRIAGES.	COUPES.	NUMÉROS de L'ÉTAT d'assiette.	ÉTENDUE des COUPES.	MONTANT des rétributions.	OBSERVATIONS.

CONSERVATION.

ÉTAT DES AMÉLIORATIO

Améliorations exécutées

en

Depuis le 1

DÉPARTEMENS.	INSPECTIONS.	Dénomination des forêts.	NOMBRE d'hectares semés par les gardes.	QUANTITÉ d'hectolitres de glands, faînes, etc., employés à ces s mis.	NOMBRE d'arbres plantés par les gardes.	NOMBRE DE COUCHAGES.	QUANTITÉS de mètres de fossés ouverts par les gardes.

MODELE N.º XI.

ANS LES FORÊTS IMPÉRIALES DE LA CONSERVATION.

jusqu'au 1.er Octobre

s	INDEMNITÉ qu'il convient de leur allouer.	QUANTITÉ D'HECTARES de vides qui ont été repeuplés par			PÉPINIÈRES ÉTABLIES OU AUTORISÉES.	OBSERVATIONS.
s		les adjudicataires des coupes de bois.	entreprise à prix d'argent.	suite des concessions de terrains.		
s						
es.						

CONSERVATION

Départemens d

INSPECTION D

ÉTAT DES COUPES A ASS

NUMÉROS D'ORDRE.	DÉNOMINATION des FORÊTS.	CONTENANCE.			ORIGINE.	TRIAGES.	NUMÉROS DES COUPES.	ARRONDISSEMENS COMMUNAUX de la SITUATION DES BOIS.	NATURE et CO			TAIL
									FUTAIE.			
		HECTARES.	ARES.	CENTIARES.					HECTARES.	ARES.	CENTIARES.	HECTARES.

MODELE N° XII.

BOIS DE L'EMPIRE.

L'ORDINAIRE.

ORDINAIRE

COUPES			ARBRES.	ESSENCE DES BOIS.	AMÉNAGEMENS		AGE DES COUPES		OBSERVATIONS.
TAILLIS.					DATE DES ACTES QUI LES ONT RÉGLÉS.	NOMBRE DE COUPES ET D'ANNÉES QUI FORMENT LA RÉVOLUTION.	TAILLIS.	FUTAIE.	
HECTARES.	ARES.	CENTIARES.							

MODELE Nᵒ XIII.

ORDINAIRE AN

ASSIETTE.

CONSERVATION

D

ARRONDISSEMENT

Forestier d

BOIS ou FORÊT D

Nᵒ DE LA COUPE

ou

DE L'AMÉNAGEMENT.

Nᵒ D'ORDRE

de

L'ÉTAT D'ASSIETTE.

L   du mois de   an   nous

nous sommes transportés dans le   de
triage de   à l'effet d'y procéder au choi
et marque de l'arbre d'assiette devant servir d
point de départ pour l'arpentage de la coup
ordinaire d   pour l'an
et nous avons reconnu que l'arbre d'assiett
qu'il convenait de choisir était

nous avons, en conséquence, marqué led
ci-dessus, désigné de notre ma
teau   à un mètre de terre, e
présence des sieurs   qui l'o
aussi marqué de leur marteau particulier,
de terre.

De tout quoi nous avons donné le prése
procès-verbal, que lesdits sieurs
ont signé avec nous.

MODELE N° XIV.

ARPENTAGE.

NSERVATION

estier d

S ou FORÊT D

N° DE LA COUPE
ou
L'AMÉNAGEMENT.

° D'ORDRE
de
TAT D'ASSIETTE.

~~~~~~

Le   du mois de   an   je soussigné arpenteur géomètre attaché à l'arrondissement
de   en exécution de l'ordre de
M.   conservateur à la résidence de   me suis
transporté dans l   de
triage   à l'effet d'y procéder au mesurage
de la coupe de l'ordinaire de l'an   et assisté du
sieur   garde général de   et du
sieur   garde particulier dudit triage ; j'ai
reconnu, en leur présence, l'arbre d'assiette de ladite
coupe, qui, ainsi qu'il est désigné au procès-verbal
d'assiette du   est un   de

En partant dudit arbre d'assiette, j'ai arpenté et mesuré la quantité de   hectares   ares
centiares, lesquels forment entr'eux   angles :
savoir :

Le premier au point de départ de l'arbre d'assiette,
un angle de

19.
~~~~~~

Le second, en allant vers le (aire de vent), de la coupe , un angle de

Le troisième , en allant vers le (aire de vent), de la coupe , un angle de

Le quatrième de

Le cinquième de

A tous lesquels angles se trouvent placés des pieds corniers pour limiter ladite coupe ; savoir :

Au premier (point de l'assiette), l'arbre qui en a servi, et qui est (point fixe), ou emprunté de

Au second angle, un (espèce) de (pourtour), qui est (*idem*).

Au troisième angle , un (*idem*) de (*idem*), qui est (*idem*).

Au quatrième de

Tous lesquels pieds corniers , marqués de mon marteau sur les faces et dans la direction des lignes qui forment lesdits angles , sont au nombre de
La longueur précise desdites lignes est, savoir : la ligne A , de   mètres ; la ligne B , de   mètres.

J'ai marqué sur la ligne (   )   parois, qui sont (espèce et pourtour); sur la ligne (   )   parois, qui sont (espèce et pourtour).

Le tout en présence des sieurs   garde

Suite du Modèle N° XIV.

général et particulier , qui ont aussi marqué à
de terre , en ma présence , lesdits pieds corniers et parois , de leur marteau , et se sont chargés de leur conservation.

En foi de quoi j'ai rédigé le présent procès-verbal ,
que lesdits sieurs ont signé avec moi.

MODELE N° XV.

PLAN GÉOMÉTRIQUE.

CONSERVATION
D

ARRONDISSEMENT
Forestier d

BOIS ou FORÊT D

N° DE LA COUPE
ou
DE L'AMÉNAGEMENT.

Je soussigné, arpenteur géomètre attaché
l'arrondissement forestier de   certi
le plan ci-dessus exact et conforme au pla
parterre de la coupe , n°   de
          triage de   destiné à l'ord
naire an

A   ce   an

MODELE N° XVI.

MARTELAGE ET BALIVAGE.

Le   du mois de   an   nous, soussigné

nous sommes transportés dans l   de
triage de   où, par procès-verbal du sieur
arpenteur , a été mesurée et arpentée la
coupe de   pour l'ordinaire de l'an

Vu ledit procès-verbal d'arpentage et le plan y annexé, nous avons reconnu que ladite coupe est déclarée contenir   hectares,   ares,   centiares , et être limitée par   pieds corniers , y compris l'arbre d'assiette et   parois. Nous avons procédé à la visite desdits arbres d'assiette, pieds corniers et parois, pour   lesdits   pieds corniers et parois , pour servir de bornes et limites invariables à ladite coupe.

Procédant ensuite au choix des balivaux qui nous ont paru les plus sains et les mieux venans, nous avons marqué dudit marteau   à un mètre de terre.

De tout quoi nous avons dressé procès-verbal, que lesdits sieurs   ont signé avec nous.

MODELE No XVII.

CONSERVATION

ÉTAT RELATIF aux *Balivage et Martelage.*

DÉPARTEMENS.	ARRONDISSEMENS FORESTIERS.	NOMS DES FORÉTS.	NUMÉRO ou NOMS DES COUPES.	LEUR CONTENANCE.			EXTRAIT du MARTELAGE DES PIEDS CORNIERS ET PAROIS.	NOMBRE des BALIVEAUX RÉSERVES.	ARBRES d'espérance pour la marine.	LEUR AGE:	OBSERVATIONS.
				hectares.	ares.	centiares.					

MODELE N° XVIII.

e CONSERVATION.

EXERCICE D

ÉTAT DES ARBRES marqués pour le Service de la Marine et de l'Artillerie dans les Ventes des Foréts Impériales de l'ordinaire de dressé d'après les Procès-Verbaux des Agens en ces parties, déposés dans les Bureaux de la   Conservation.

DÉPARTEMENS.	INSPECTIONS.	SOUS-INSPECTIONS.	CHEFS-LIEUX des arrondissemens communaux.	CHEFS-LIEUX de cantons de justice de paix.	COMMUNES DE LA SITUATION DES BOIS.	NOMS DES BOIS.	ARBRES MARQUÉS.		DATE DES MARTELAGES.	NOMS des agens de la marine ou de l'artillerie qui ont marqué les arbres.	DISTANCE des bois au port le plus voisin d'une rivière flottable, et le nom de cette rivière.	OBSERVATIONS.
							dénomi-nation de pièces qu'ils doivent fournir.	cubes en stères.				

MODELE N° X

ADMINISTRATION GÉNÉRALE DES EAUX ET FORÊT

CONSERVATION.

DÉPARTEMENT D

INSPECTIO

d

COUPE DES BOIS IMPÉRIAU

ORDINAIRE AN

A LA diligence de M. le conservateur de la   division des eaux et for
il sera procédé le (*jour, mois et an*), à   heures d   dans le
destiné aux adjudications publiques, pardevant M. le préfet du départen
d   à l'intervention de MM. les officiers forestiers, en prés
de M. le directeur du domaine impérial, ou du receveur, et de M. le rece
général du département, à la vente au plus offrant, à l'extinction des feux,
coupes ci-après désignées, aux charges, clauses et conditions prtées au ca
des charges, dont on pourra prendre communication au secrétariat de la pré
ture, ainsi que chez MM. les officiers forestiers, M. le directeur des domai
et le receveur de

SAVOIR:

DÉNOMINATION DES FORÊTS.	NUMÉRO D'ORDRE.	DÉSIGNATION DES BOIS	LEUR CONTENANC
. . . .	. . . .	. . . .	. . . .

Par autorisation de M. le conseiller
d'état directeur général de l'administration générale des eaux et forêts,

LE CONSERVATEUR,

Vu et approuvé par nous,
préfet du déptement de
à   le

LE PRÉT,

MODELE N° XX.

ÉTAT relatif aux Frais d'adjudication.

	Hectares.
Cᴏɴᴛᴇɴᴀɴᴄᴇ des coupes................	» »
Nombre des arbres épars..................	» »

	fr.	c.
Principal..............................	»	»
Décime pour francs......................	»	»
Tᴏᴛᴀʟ..........		

...ais d'Adjudication de Timbre et d'Enregistrement qui doivent être répartis au marc le franc.

			fr.	c.
	D'affiches..............................		»	»
	Du Cahier des charges...................		»	»
PRESSION	De Procès-verbaux..	D'assiette et arpentage.........	»	»
		De balivage...................	»	»
		D'adjudications...............	»	»
		De réarpentage..............	»	»
		De récolement................	»	»
TIMBRE DES PROCÈS-VERBAUX.		D'arpentage...................	»	»
		De balivage...................	»	»
		Du cahier des charges........	»	»
		D'adjudications..............	»	»
		De réarpentage..............	»	»
		De récolement..............	»	»
DROIT FIXE, ENREGISTREMENT DE PROCÈS-VERAUX.		D'arpentage...................	»	»
		De balivage...................	»	»
		De réarpentage..............	»	»
		De récolement..............	»	»

	fr.	c.
...ais d'expédition des procès-verbaux d'adjudications	»	»
...ublications et transports d'affiches, bougies et criée.............	»	»
Tᴏᴛᴀʟ..........		

CONSERVATION.

ÉTAT GÉNÉRAL des *Ventes des Coupes*

EXERCICE D   *l'année*   dans *l'étendue de*

DÉPARTEMENS.	ARRONDISSEMENS FORESTIERS.	Dates des Adjudications.	Numéro de l'état général d'assiette.	DÉNOMINATION des FORÊTS.	LEUR ORIGINE.	TRIAGES.	NATURE DES COUPES.	LEUR AMÉNAGEMENT.	CONTENANCE DES COUPES.

MODELE Nº XXI.

de Bois Impériaux , faites pour
la   e Conservation.

NUMÉROS D'ORDRE.	NOMS ET DEMEURES DES			ESTIMATION DES COUPES.	MONTANT DES VENTES.		TOTAL.	OBSERVATIONS.
	adjudica-taires.	certifica-teurs.	cau-tions.		principal.	décime par franc.		

BOIS I

CONSE

DÉPARTEMENS.	INSPECTIONS.	Numéro de l'état général d'assiette.	DÉNOMINATION DES FORÉTS.	contenance de l'état d'assiette.	QUANTITÉ VENDUE.				QUANTI
					hectares.	ARBRES.			hectares.
						baliveaux	arbres épars.	chablis.	Total.	balive

MODELE N.° XXII.

ÉRIAUX.

TION.

I R E.		N D U E.		BOIS AFFERMÉS ou AFFOUAGÉS.					Extraordinaire.		Recépages.	OBSERVATIONS.
						A R B R E S.			COUPES extraordinaires adjugées dans le courant de		BOIS recépés dans le courant de l'an ne faisant point partie des coupes ordinaires.	
			hectares.		ARBRES.							
chablis.	Total.			baliveaux.	arbres épars.	chablis	Total.	hectares.	arbres.		

MODELE N° XXIII.

CONSERVATION

ORDINAIRE

INSPECTION D

RÉCOLEMENT.

BOIS ou FORÊT D

N° DE LA COUPE

ou

DE L'AMÉNAGEMENT.

N° DE L'ÉTAT GÉNÉ-
RAL D'ASSIETTE.

L E   du mois de   an   nou
soussigné
nous nous sommes transporté sur la coupe
          de   de   triage de   ad-
jugée pour   ordinaire de l'an   a
sieur   à l'effet de procéder au
récolement de ladite coupe , en présence dudi
sieur   adjudicataire présent; nou
avons procédé à la visite des arbres d'assiette
pieds corniers et parois servant de limites
ladite coupe usée; nous avons parcouru e
examiné l'intérieur de la coupe, pour nou
assurer de sa bonne ou mauvaise exploitation
ainsi que de sa vidange, et procédé à la reconnaissance et compte des baliveaux y réservés et reconnu ,

1°

MODELE Nº XXIV.

ADMINISTRATION GÉNÉRALE DES EAUX ET FORÊTS.

BOIS IMPÉRIAUX.

Opérations de Balivage , Martelage et Récolement.

EXERCICE 181

ONSERVATION.

SPECTION

Hectares mis
coupes.

Ordinaires.

traordinaires.

Hectares.	Ares.	Centiares.	TOTAL.
»	»	»	»
»	»	»	»

Combien d'hectares balivés et martelés dans le courant du mois d

Combien d'hectares récolés dans le courant des mois d

A quels exercices ces récolemens appartiennent.

Certifié par nous inspecteur.

A   le   181

HECTARES BALIVÉS et martelés.			RESTE A BALIVER et marteler.		
Hect.	Ares.	Cent.	Hect.	Ares.	Cent.
Hectares récolés.			Reste à récoler.		

I.

MODELE No XXV.

RÉARPENTAGE.

LE   du mois de   an   je soussigné,
arpenteur-géomètre attaché à l'arrondissement
forestier d   en exécution de l'ordre
de M.   (*conservateur* ou *inspecteur*)
des forêts, me suis transporté dans l
de   triage de   coupe n°
ordinaire de l'an   à l'effet de procéder, en
présence du sieur   adjudicataire
de ladite coupe, ou lui duement appelé, au
réarpentage d   hectares   ares
centiares. Parvenu sur ladite coupe
où se sont trouvés (*exprimer la présence ou
l'absence de l'adjudicataire, et du garde général ou particulier*).

J'ai reconnu, en la présence des ci-dessus
dénommés (*si l'arpenteur retrouve sur pied et
identiquement les arbres d'assiette, pieds
corniers et parois indiqués au procès-verbal
d'arpentage*), la quantité et identité des ar-

bres d'assiette, pieds corniers et parois énoncés au procès-verbal d'arpentage du
(*s'il manque l'arbre d'assiette, ou quelque pied cornier ou parois*), que des arbres d'assiette, pieds corniers et parois énoncés au procès-verbal d'arpentage, il n'existe sur pied et identiquement que (*exprimer ce qui existe*), et que le surplus a été coupé ou brisé par les vents (*exprimer ce qui manque*).

J'ai vérifié l'ouverture des angles indiqués au procès-verbal d'arpentage, et reconnu que ladite coupe fournit   angles; savoir :

Le premier, au point de l'assiette, un angle de

Le second, en allant vers (*aire de vent*) de la coupe, un angle de

Le troisième de

Le quatrième de

J'ai vérifié pareillement la longueur des lignes cotées au plan d'arpentage, et reconnu (*exprimer leur similitude ou différence*).

D'après toutes lesquelles vérifications et mesures, je certifie que ladite coupe contient la quantité de   hectares   arcs centiares, et   arbres, comme il est

(3o8)

mentionné ci-dessus (*dans le cas contraire,
l'arpenteur exprime la sur-mesure ou le moins
de mesure*).

En foi de quoi j'ai rédigé le présent procès-verbal en présence desdits sieurs
adjudicataire, et   garde général et particulier, qui ont signé avec moi.

MODELE N° XXVI.

CONSERVATION.

ÉTAT des Sur-Mesures ou moins de Mesures des Coupes de l'ordinaire de l'année

DÉPARTEMENS.	INSPECTIONS.	Numéro de l'état général d'assiette.	DÉNOMINATION DES FORÊTS.	NUMÉRO DE LA COUPE.	SON ÉTENDUE.	Nom de l'adjudicataire.	Montant de l'adjudication.	SUR-MESURE.	MOINS DE MESURE.	OBSERVATIONS.

MODELE N° XXVII.

PROCÈS-VERBAL *à l'effet d'obtenir Acquit et Décharge d'Exploitation.*

Vu par nous (*conservateur, inspecteur ou sous-inspecteur*), à la résidence de
le procès-verbal de réarpentage de la coupe
n°   de   duquel il résulte que
ladite coupe contient la quantité d
hectares   ares   centiares;

Vu pareillement le procès-verbal de récolement de ladite coupe en date du   duquel
i résulte que ladite coupe a été bien exploitée,
que la vidange en est parfaite, et que les réserves des arbres d'assiette   pieds corniers   parois et   baliveaux
y ont été respectés (*ou bien*) que le sieur
      adjudicataire de ladite coupe,
a été condamné, par jugement du tribunal
de première instance de
et date du   en   pour réparation
des délits constatés dans son exploitation de
ladite coupe, et qu'il a satisfait au paiement des
condamnations :
esimons qu'il doit être accordé acquit et dé-

charge d'exploitation au sieur
adjudicataire de la coupe n°   de
            triage de   pour
l'ordinaire an   et que lesdits acquit et
décharge doivent être notifiés au sieur
garde particulier de   lequel demeure prévenu que ladite coupe rentrera
entièrement et expressément sous sa garde.

A   *ce*

MODELE N° XXVIII.

CONSERVATION

EXERCICE

ÉTAT *des menus Marchés.*

DÉPARTEMENS.	SOUS-INSPECTIONS.	NOMS DES FORÊTS.	TRIAGES.	BOIS DE DÉLITS OU VOLÉS.	LEUR AGE.	PRIX DE L'ESTIMATION.	MONTANT DES ADJUDICATIONS.			TOTAL.	NOMS DES		OBSERVATIONS.
							princi-pal.	decime pour francs.			adju-dica-taires.	cau-tions et certi-fica-teurs.	

TABLE

DES CHAPITRES

Contenus dans ce Volume.

PREMIÈRE PARTIE.

ORGANISATION.

DEUXIEME PARTIE.

RÉGIME.

SECTION PREMIÈRE.

DES FORÈTS ET DES EAUX DEPENDANT DU DOMAINE DE L'EMPIRE.

Fin de la Table des Chapitres contenus dans ce Volume.

FAUTES A CORRIGER,

ET SUPPLÉMENT.

TOME PREMIER.

pages, lignes.

2, 4. En grairie, *lisez* en gruerie, grairie.

4, 22. Loi du 16 nivose an IX , *lisez*, *ibidem*.

5, 10. Passé, *lisez*, passé (1).

5, 11. Accomplis (1), *lisez*, accomplis (2).

5, 12. Conscription (2), *lisez*, conscription.

21, 26. Après article 6, *ajoutez*, Loi du 29 septembre 1791, tit. XII, art. 3.

51, 21. Du, *lisez*, des.

Addition à faire au Chapitre IV du premier Volume, page 34.

Des Agens ou Employés. Gardes-Généraux.

Le garde général peut poursuivre la vente des objets confisqués, lorsque l'administration des domaines a négligé de le faire, et en recevoir le montant, si le prix est inférieur à 500 f., dans lequel cas, il porte la somme perçue sur son livret et sur son rôle, à la colonne des restitutions, en donnant dans celle des observations les explications nécessaires. La remise accordée au garde collecteur, s'effectue sur le prix de telles ventes faites à sa requête, soit que le prix ait été recouvré par lui et ensuite versé dans la caisse du receveur, soit qu'il ait été touché directement par le receveur (1).

---

(1) Lettre de M. le directeur-général de l'administration, écrite au conservateur de la treizième division, le 17 mars 1812.

pages, lignes.

36,   13. A fixé, *lisez*, a fixé à 500.

39,   19. Levée du rôle, *lisez*, le vu du rôle.

43,   13. Après cette ligne, *ajoutez* : « Le garde général peut poursuivre la vente des objets confisqués, lorsque l'administration des domaines a négligé de le faire, et en recevoir le montant, si le prix est inférieur à 500 fr., dans lequel cas il porte la somme perçue sur son livret et sur son rôle, à la colonne des restitutions, en donnant, dans celle des observations, les explications nécessaires. La remise accordée au garde-collecteur s'effectue sur le prix de telles ventes faites à sa requête, soit que le prix ait été recouvré par lui et ensuite versé dans la caisse du receveur, soit qu'il ait été touché directement par ce dernier.

44,   13. Gruris, *lisez*, gruerie, grairie.

80,   15. De fond, *lisez*, le fond.

80,   21. Et de tous autres, *lisez*, et tous autres.

87,   16. Non contigues, *lisez*, non contiguës.

89,   23. Cutillation, *lisez*, cutellation. *Idem*, aux pages 90, 91, 150 et 151.

128,   23. Réussissaient, *lisez*, réussissent.

214,   13. Pelés, *lisez*, pillés.

218,   23. *Ibid.*, *ajoutez* : — Arrêt de la cour de cassation, du 16 août 1811.

224,   3. Résimer, *lisez*, resemer.

236,   7. Grosseur (1), *lisez*, grosseur.

236,   11. Bourrée (2), *lisez*, bourrée (1).

236,   20. De la marine (3), *lisez*, de la marine (2).

236.   21. Les citations doivent être remplacées par les suivantes :

(1) Arrêt du conseil : du 11 janvier 1789. — Arrêté du Gouvernement, du 25 fructidor an XI. — Décret impérial du 16 floréal an XIII. — Cahier des charges de 1812, art. 74 et 75.

(2) Décret impérial du 15 septembre 1809. — Cahier des charges de 1812, art. 67.